将来的你
一定会感谢现在奋斗的自己

让充满无限希望的自己，在奋斗的路上昂首前行！

寻文 著

图书在版编目（CIP）数据

将来的你，一定会感谢现在奋斗的自己 / 寻文著.
-- 北京：中国致公出版社，2019
ISBN 978-7-5145-1346-2

Ⅰ.①将… Ⅱ.①寻… Ⅲ.①成功心理—通俗读物
Ⅳ.①B848.4-49

中国版本图书馆CIP数据核字（2018）第207472号

将来的你，一定会感谢现在奋斗的自己

寻　文　著

责任编辑：孙兴冉

责任印制：岳　珍

出版发行：中国致公出版社
地　　址：北京市海淀区翠微路2号院科贸楼
邮　　编：100036
电　　话：010-85869872（发行部）
经　　销：全国新华书店
印　　刷：三河市冠宏印刷装订有限公司
开　　本：889mm×1194mm　　1/32
印　　张：6.5
字　　数：103千字
版　　次：2019年5月第1版　　2019年5月第1次印刷
定　　价：38.00元

版权所有，未经书面许可，不得转载、复制、翻印，违者必究。

序言

别让不努力成为你前进的阻力

将来的你，一定会感谢现在奋斗的自己。这看似简单的一句话，实则是个复杂又艰巨的命题。未来的你会如何看待自己？是骄傲，是悔恨，是不甘与渴望，还是会后悔自己为什么没能早些明白奋斗才有未来的道理？

所有人都渴望成功，希望自己未来幸福，能学业有成、事业步步高升，能有一位佳偶相伴一生，能带着家人到处旅行。这一切不是空想，都是可以实现的，但取决于你今天是否为未来努力过。

我有个朋友毕业后直接回了县城，进了一家企业工作。县城工资不高，每月三千多元，他总抱怨说钱不够花。他以前打游戏、买名牌眼都不眨一下，现在自己挣钱了，不能再花家里的钱了，在专卖店看上了一双七百多元的鞋子，考虑了好久，最后还是放弃了。他总喜欢说自己想要有一番作为，刚开始时的确也抱着满腔热血，但是每天重复性的工作，渐渐消磨了他的意志。

我也问过他："你既然有雄心壮志，干吗不出来闯一闯，为自己的未来奋斗呢？"

他解释说："父母之命难违啊。在父母看来，我在老家找一份稳定的工作，他们心里才能踏实。我也不能不听他们的意见啊。"

我说："你既然选择了安逸，就别抱怨得不到想要的生活；你自己不为未来打拼，就不要拿父母做挡箭牌了。咱们班的李阳，家里开了十几家连锁酒店，作为家中的独子，父母当然希望他继承家业。但是他偏偏喜欢DIY（手工制作），未来就想开一个DIY香皂网店。他便真的放弃了家业，选择自己贷款创业。后来，他在淘宝网开起了自己的店铺，月销量在同类别店铺里名列前茅。未来他还要扩大生产，自己开厂。"

其实任何人想要个好的将来，都是需要付出更多努力和代价的，并且付出的越多、得到的就越多。

行走在时间里的所有人，都是普通人，不管是富翁还是名人，都只是个标签而已。其实他们每个人的生活都是用自己的双手奋斗出来的，而不是随便得到的。你看到的，是他们最光鲜的一面，你未曾看到的是他们为了现在的生活，曾经有多努力，吃了多少苦。

你现在的奋斗决定着你的将来，你不努力，真的没人帮得了你，你也永远过不上自己想要的美好生活。别让不努力成为你前进的阻碍。

目录
CONTENTS

第一章 青春不言败

笑过哭过闯过累过，青春才算没白过 / 003

年少轻狂的时代，错过了就不再回来 / 009

青春不言败 / 012

生活，总需要一些改变 / 015

第二章 心中有梦，脚下有路

只要心中有目标，人生就不会迷茫 / 023

大部分的悔不当初，都是自食其果 / 028

只求安稳，有时候就是对生活的否定 / 033

不管多难，也要努力寻找光亮 / 037

心中有梦，脚下有路 / 041

第三章　人生不是重在起点，而是贵在努力

人生不是重在起点，而是贵在努力 / 047

不想被"out"，就得拼命向前跑 / 053

只有为了生活奋斗，才有资格喊累 / 058

精致，是一种生活态度 / 062

第四章　与其羡慕别人，不如改变自己

越是躺着做梦，越容易遍体鳞伤 / 067

三分钟热度 / 073

别以为游手好闲就能做文艺青年 / 076

自律，才能获得向往的生活 / 079

与其羡慕别人，不如改变自己 / 083

第五章　无所畏惧的你，才是真正的自己

不完美的人生才是人生 / 091

越是无路可走，越要努力向前 / 095

哪怕带着伤，也要砥砺前行 / 099

无所畏惧的你，才是真正的自己 / 103

第六章　人生每一步，都是最好的纪念

有些弯路非走不可 / 111

认真走过的路，每一步都算数 / 115

经历过磨难，才能看得到曙光 / 120

人生每一步，都是最好的纪念 / 124

第七章　你有多努力，就有多幸运

冬藏，等一季花开 / 129

你有多努力，就有多幸运 / 133

不必因为一次失败就否定自己 / 138

前进中，别弄丢了最珍贵的自己 / 142

第八章　奋斗吧！骄傲的我们

未来，掌握在自己手上 / 149

不遗余力追求梦想 / 154

哪有什么天生不足，只是不愿意努力的借口 / 159

这一生，总要拼过才算不白活 / 164

奋斗吧！骄傲的我们 / 169

第九章 拼一把，做自己人生的"伯乐"

对自己狠一点，就是不轻言放弃 / 175

拼一把，做自己人生的"伯乐" / 180

尽力做好自己 / 185

先苦后甜 / 191

勇于前行，人生来不及等待 / 194

第一章
青春不言败

人活一世，青春稍纵即逝，
珍惜当下，努力活好每一天，
别让青春留下遗憾。

第一章 青春不言败

笑过哭过闯过累过,青春才算没白过

青春,是一段可以肆意飞扬的时光。多年后,回想起那段青葱岁月,我们不由得嘴角微微上扬,哦,其实我的青春没白活,哭过、笑过、闯过、累过。

我听过这样一个关于青春的故事。

淑媛是传媒大学大二的学生,面容姣好,声音清亮。她曾无数次幻想过自己主播新闻的模样,但一次没及时就医的感冒,却打碎了她的梦。她被医院诊断为"慢性鼻炎",说话时声音听起来像是娃娃音,不能再当主播了。一时间,她难以接受这样的现实,哭着跟妈妈说:"为什么我的青春这么苦?"

无精打采的她,漫无目的地走在大学校园中,无意中看到了有人在跳拉丁舞。动感的旋律、轻盈的舞步一下子就迷住了她。暑假回到家，她在网上拼命地翻看各种国标舞比赛和训练视频。

毕业后，她并没有急着找工作，而是只身前往深圳的体育舞蹈大学进行学习。家人都劝她放弃，毕竟舞蹈是个青春饭。但是她决绝地说："青春本来就是得试过、拼过才不后悔。我以前喜欢当主播，可现在这个梦破灭了，是舞蹈再次激活了我的青春，我不能错过这样的机会，我得去试试。"

第一天上课，她就感受到了强大的冲击力。班上的同学基本都是十几岁的孩子，只有她是22岁，俨然成了"老大姐"。没经过舞蹈训练的她，在进行拉伸肌肉和压腿等基础训练时，只有一个感觉——疼痛。可尽管如此，她学习舞蹈的热情也丝毫未减。一天24小时，有16小时她都在舞蹈房练舞。

两年后学成归来，她打算在舞蹈界大展拳脚，自主创业，但父母希望她毕业后能找个稳定的工作，不同意她创业。为此，母亲还把她关在了家里。

无奈之下，淑媛选择了离家出走。

来到火车站，她打电话找朋友借了1000元钱，然后就坐上了去省城的列车。到了省城,她租了个十几平方米的小平房,安顿了下来。刚开始创业的时候,舞蹈培训班招不到学生,她就免费教学。后来,第一批的十几个学生都顺利考上了省重点艺术学校,而她也在一次舞蹈大赛中获得了冠军。于是她的名气渐渐大了起来,学生也越来越多。最高峰时她一个人带11个班,忙到一点自己的业余时间都没有,饿了,就随便吃点面包或煮包方便面吃,回家也是直接倒头就睡。

有一次父母来省城,看到既消瘦又疲惫的女儿,他们难受极了。"要不跟我们回家吧,随便考个高中老师,不比这样轻松很多吗?"

"虽然很累,但是每次看到学生们的笑容,还有他们的进步,我就觉得自己的青春是有价值的,一切都是值得的。"

因为青春,敢想敢拼;因为哭过、笑过、累过、苦过、拼过,才不后悔。当我们老了,回忆起来也会"不因碌碌无为而羞耻,不因虚度年华而悔恨",因为我们的青春是有价值的!

我有个同学叫张磊,他大学时读的是计算机专业,由于学习成绩优异,当时还被保送了研究生。按理说以他的学历和成绩,研究生毕业后到任何一家软件公司就职,都能有一番作为。但是临近毕业,所有同学都忙着找工作,他却不以为然:"上了二十几年学了,我需要好好思考一下自己的人生,规划一下自己的未来,顺便也放松一下自己。"

于是,他买了一台新的笔记本电脑,在家研究起某大型游戏来,每天除了吃饭、睡觉,足不出户,完全沉浸在游戏世界里。靠玩游戏,他也赚了一些小钱。看着他的同学,不是结婚生子,就是考博创业,他的父母心里却很焦急。

父亲严肃地说:"儿子,玩游戏始终不是长久之计。你现在还年轻,不能把时间都浪费在游戏上。不如明天你出去找工作吧!"

他却不以为然地说:"老爸,你一点也不理解我。是金子总会发光的,齐白石50岁才出名,姜子牙80岁才出相。我这是利用大好青春修炼自己,等我玩到最高级别,把游戏研究透了,我一定能出一款大型游戏。到时候您们二老就等着享福吧。"

父母说不过他,只能任由他在家打游戏。

几年后同寝室的几个同学聚会,大家七嘴八舌的一番话一下子点醒了张磊。

第一章 青春不言败

"老李,你可以啊,现在都是部门经理了?"

"惭愧惭愧啊。一开始我也只是个小业务员,啥也不懂,经历了很多困难和失败,想过放弃,想过转行。那时候,真是纠结、难熬啊!不过还好,我坚持下来了。如今回过头看,我还是挺为自己骄傲的。"

"你也不错啊,自己创业,现在手下都有十几个员工了。"

"这年头创业有多难,只有经历过才知道。各种麻烦事不说,资金、生产、销售每个环节都得考虑到啊!哭过,也想过放弃,但还是咬牙坚持住了。"

"小强也不错啊,世界500强的工作还是挺舒坦吧。"

"那是你们不知道我花了多少时间,付出了多少努力。现在,也算是苦尽甘来吧。"

听着他们的话,张磊有些丧气地说:"看来大家都混得不错啊!"

几杯酒下肚,几个同学你一言我一语劝起了张磊:"张啊,你是咱宿舍老大,按理说你应该是最先结婚生子,可得抓紧!""就是就是,还有啊,赶紧趁着年轻找个正当工作,别老玩游戏了。""没错,游戏能给你一时的快感,但是青春被耽误了就回不来了。父母岁数越来越大，我们也快到了而立之年，该想想怎么撑起一个家了，可不能再浪费和虚度了！"

听着同学们的这些话，张磊有些惭愧，倒不是因为同学们过得比他好，而是在交谈中他发现，大家的青春都经历了酸甜苦辣，只有他在游戏中找寻胜败的乐趣。

回家后，他反思了一晚上。第二天，他就把简历投放到了各个招聘网上。

哭过、笑过、拼过、累过、痛过，才算尝过青春的滋味。人活一世，青春虽稍纵即逝，但我们要珍惜当下，努力活好每一天，才能不让青春留下遗憾。

第一章　青春不言败

年少轻狂的时代，错过了就不再回来

年少轻狂、少不更事，每个人都有过这样的时期。也正是这样的时期，让我们成长，让我们学会了更多的道理，结下了更深刻的友谊，但青春过去了就不会再回来。

我看过一部片名为《青春派》的电影。影片开头是一群高三毕业生正在拍毕业合照，老师眼中的16岁天才（男主人公）居然当着所有师生的面，用泰戈尔的诗句向暗恋已久的黄晶晶深情告白："黄晶晶同学，你愿意携手和我告别高中时代吗？"

影片中的居然想抓住距离高考还有五天的时间，用自己的方式赢得爱情，而黄晶晶一则因为大家的鼓动，二则因为自己也喜欢居然，于是接受了居然的告白。班主任偷偷把这件事告诉了居然的母亲。面对母亲的斥责和质疑，居然选择低头沉默不语，而黄晶晶选择愤然离去。其实这就是青春本来的样子，有点疯狂，又有点怯懦。

为了证明自己爱得真诚，被母亲锁在家里的居然竟然从楼上阳台跳下去看黄晶晶，结果却摔了下去，导致尾骨骨折。只能站着高考的居然，依然心心念念着黄晶晶。结果可想而知，居然成了火箭班唯一的落榜生。在火车站，他目送黄晶晶前往复旦大学的身影，却依然没有放弃追逐爱情。

"早恋害人，但我不后悔"，这是居然说的一句话。

但是人是会变的，上了大学的黄晶晶思想变得更为自由，于是依然执着地爱着她的居然，被告知彻底没有机会了。

失恋后的居然申请加入了校足球队。他对校足球队教练说："中国足球踢得实在太臭了，我决定从自己做起，为伟大祖国的足球事业做出一份贡献……对不起教练，我编不下去了，其实我失恋了。"教练说："中国足球缺的是什么？缺的就是力量。你为什么要复读？无论是为了爱情还是为了前途，都应该化悲愤为力量。"

几天后，居然从失恋中走了出来，把对爱情坚持不懈的精神用到了复读备考中。

高考结束后,居然如愿考上了中国人民大学。

年少轻狂的决定或许是一时兴起,或许是为了所谓的面子,但是时光不会倒流,错过了就是错过了,甚至一错就可能是一辈子。

"曾经年少爱追梦,一心只想往前飞,行遍千山和万水,一路走来不能回。"爱情也好,轻狂也罢,作为青春的一部分,都会一去不复返。所以,珍惜眼前的一切,努力过好每一天,未来才会无悔。

青春不言败

"你翅膀硬了吧？"很多人从小就听过这句话，因为父母经常会对不听话的孩子这么说。其实这句话是父母警告孩子，你还缺乏知识和经验，还有待历练。也就是说，只有翅膀硬了，你才能振翅高飞；只有自己有了更多的知识、能力和经验，才能抓住更多的机会做选择。

我曾经在一档节目中看到一个高考状元讲述自己的故事。

"模拟考我只考了260分，我高度近视也当不了兵，所以当时我爸已经给我想好了退路。他跟我说，他已经帮我联系好了当地一家工厂，先实习三个月，成为正式工以后一个月就能拿3500元以上的工资。虽然我学习不好，但是我也想上大学。当时听到老爸的话,我的内心是崩溃的。我问他,为什么总是替我做决定和选择?

"然后我爸就开始跟我讲道理:'200多分连个专科都考不上,你没有文凭,高中毕业能做什么?你虽然成年了,但是你一没社会经验,二没学历,三没社会关系,什么都没有,选择余地本来就小,要是再让你自己选,我们怎么能放心?怎么舍得放手让你飞翔?可要是你上了大学,一来你积累的知识和经验会更多,二来你将来选择的机会也会更多。所以,现在你要么努力学习,考上大学,要么就服从我的安排,去工厂上班。'

"我爸的话让我明白,如果想要未来的路按自己的意愿发展,我需要从现在开始就为未来努力,而不是得过且过。于是,我改变了自己以前不认真的学习态度,又根据老师的复习进度,调整了自己的学习计划。按计划坚持了一个月后,第二次模拟考我的成绩提升到了430分。我没有沾沾自喜,而是每天依然坚持学习,并且加强了训练量。第三次模拟考我考了550分。就这样,我一天天地向自己的目标接近。

"当我拿到大学录取通知书时,爸爸很激动。填报志愿时,他再也没有干涉我,而是让我选择自己喜欢的学校和专业。他对我说:'你现在长大了,知道什么事该做,什么事不该做,我和你妈妈也就不需要再替你做选择了,以后遇到什么事就自己决定吧。'"

羽翼丰满需要一个过程,很多人都以为在这个漫长的过程中自己长大了、成熟了,可以做决定了,可时间终会证明,其实你的心智并不成熟,仍需历练。

但是,在这个过程中,要坚持不懈、永不言败,这样才能不负青春、不负自己。

第一章　青春不言败

生活，总需要一些改变

随着现代社会的不断发展，任何事物都在发生着改变，生活亦是如此。没有谁的人生是一成不变的，没有谁的人生是坦坦荡荡、一马平川的，更没有谁的人生不被时代的需求改变的。如果一个人的生活总是平淡无奇、乏味不堪，那么他的生活将注定一成不变。

生活本就应该是绚丽多彩的，每个人都有自己的生活方式、生活目标。只有这样才能有多姿多彩的生活，也只有这样才能获得自己想要的生活，并为之努力奋斗。如果所有人的生活都千篇一律没有一点改变，所有人都重复着相同的生活，没有勇气去改变自己，改变自己的生活态度，那生活将会失去乐趣，失去光彩。

罗兹有句名言是这样说的：生活的最大成就，就是不断地改变自己，以使自己悟出生活之道。这句话其实就是对生活的总结。生活，就是生下来、活下去，随着年龄的增长，不断地学习更多的知识，无论这些知识是在学校还是社会学到的，都可能成为改变自己的动力和能量。凭借着这些能量，拓宽自己的眼界，悟出自己该怎样生活。

小桐和小涛在高中的时候不仅是关系很好的朋友，还是同桌。每天上课的时候，俩人不是发呆、睡觉，就是偷偷玩手机。更过分的是，他们还结伴晚上逃课去电玩城玩游戏。他们的种种行为，用老师的话来说，就是不听课，布置的学习任务也是有千奇百怪的理由不完成。

从高一到高二下半学期，两人一直都是这种状态，没有一丁点改变。就这样，俩人耗费了两年的光阴。当听到别人劝诫他们要好好学习的时候，两个人总是不屑一顾地看着对方说："男生就算不好好学习，以后到社会上多闯闯也是能闯出一番天地的。"

很快，他们迎来了高考。可是突然发生的一件事，改变了两个人的现状。

小桐家里发生了一些变故，他的母亲得了一种病，不能进行体力劳动了。而且，后续所需要的药物治疗费用也是个天文数字。没有兄弟姐妹的小桐，家里就靠父亲的工资勉强维持生计。小桐虽然不爱学习，但是个懂事孝顺的孩子，知道自己在学校没有学到什么知识，于是就决定去技术学校学些技术，想着以后在工厂或者什么地方还能找到一份补贴家用的工作，减轻家里的负担。

一天，小桐问小涛："愿不愿意和我一起去学习一门技术？"

小涛拒绝了和小桐一起学习的邀请。小桐的这个决定丝毫没有改变小涛的想法，小涛每天还是像以前一样无所事事，没有一点生活追求，也没有想过去改变。小桐看着小涛这样的决定，心里不免有点难过，可是各人有各人的选择，也不能勉强人家。

高考过后，小桐进入技术学校学习技术。为了减轻家里的负担，他努力学习专业技术，哪里不懂就问老师，做不好的就一遍一遍地练习，直到做到自己满意为止。就这样，他在学校的成绩一直都是名列前茅，与当初高中那个逃学不听课的小桐，完全判若两人。

多年之后，小桐通过自己的技术和在公司的工作经验，成立了自己的公司，虽然规模不是很大，但无论怎么说，这也是小桐一步一步学习、努力得来的。

一个小小的改变，能够改变一个人的人生；一个小小的改变，能够改变一个人的生活态度；一个小小的改变，能够改变一个人对生活的态度。

我家门口有个小超市，男主人在一家小工厂上班。他老婆之前四处打零工，很不稳定，后来就在小区里经营了这家小超市。平日里男人喜欢招呼三五朋友聚餐、喝酒、打麻将。他们的儿子学习成绩很不理想，中考成绩都迈不进高中的门槛，勉勉强强才进了职业高中。更无奈的是，孩子上了职高后并不知道珍惜，每天不是逃课，就是打架，还学会了抽烟、喝酒。

有一日，我去超市买东西，见到夫妻二人在吵架。

"你看看你，一个女人也不知道打扮收拾一下自己，整天穿得这么破破烂烂的，像个大妈似的。跟你一起十几年了，你都没有变过。每天就只会做炸酱面，我现在想想都觉得反胃。"男人摔碎了碗，冲着女人嘶吼道。

女人抽泣着回应："你说什么？你嫌弃我？那你呢？从结婚到现在，你升职了吗？加薪了吗？家里的事你一件都不放在心上，家里缺什么了，什么时候该买什么了，你想过吗？我为什么弄这个小超市，还不是为了咱们着想。现在孩子都不正眼瞧你，你哪怕改变一点点，我和孩子都不会觉得这日子过得没希望、没滋味。"

虽然吵架是一个巴掌拍不响，但是他们的日子确实过得有些灰暗。我以前去过他们家，清楚地记得他家那时的样子，没想到现在去居然还是老样子。昏暗的灯光、破旧的家具，厨房的油烟机满是油渍，水龙头似乎已经坏了，一直在滴水，水池里摆满了还没洗的锅碗瓢盆。这么多年了，这屋子里居然一点变化都没有。可想而知，他们的生活是多么枯燥无味，没有一丁点的变化和激情。

生活是一场旅行，每个人可以选择不同的生活方式，改变旅行线路，观看不同的生活风景，体味不同的人生意味。

生活是一场战斗，每个人可以选择不同的战斗方式，改变进攻的方向、方法，战斗出一片属于自己的天地。

生活是一场苦旅，只有自己才能了解自己的苦楚，改变自己的心态，才能将苦楚变为生活的动力，才能活出精彩的人生。

第二章
心中有梦,脚下有路

每个人心中都有一束光,尽管困难让你倍感疼痛,但只要披上梦想的衣裳,奋不顾身地追寻光亮,终会找到幸福的光。

第二章 心中有梦，脚下有路

只要心中有目标，人生就不会迷茫

"迷茫"一词似乎成了当下很多人的常态。高考时，迷茫于报考什么学校、什么专业；上了大学，不是自己喜欢的专业，于是感到迷茫；四年大学时光转眼即逝，不知道自己适合什么工作，同样感到迷茫；毕业了，好不容易找到一份工作，但是看不到未来，依旧觉得迷茫。

生活中并不是所有人都会迷茫，那些心中有目标，知道自己想要什么，义无反顾地追寻的人，从来不会把时间用来感叹自己如何如何迷茫。

我曾听过这样一对"90后"情侣努力追梦的故事。

女孩露露和男孩小浩两人相识于大学某社团，酷爱养花种草的两人一见如故。在露露的宿舍阳台上，摆满了各种各样的多肉植物,她说:"看着它们一点点长大,是一件很有成就感的事情。"两人经常一起畅想自己毕业后的生活:一间花房、一条狗,一起看日出日落,坐拥花团锦簇……这就是他们理想的生活。

小浩读的是微生物专业,大三时就决定了要考研,经过一年的努力,终于考取了本校的林学专业。毕业后,他到一家多肉种植公司实习。在几个月的大规模养殖过程中,他开始把心思放在了提升多肉植物成活率上。为了实验,他在租住的房子里种了几百盆各种各样的多肉植物,以此来观察它们。在临近开学时,他毅然放弃了学籍,决定带着自己的多肉植物,回乡当个"花匠"。

露露读的是经贸专业,在校时已经开始开网店。毕业后,她在一家外贸公司做销售员。尽管在自己的岗位上已经小有建树,但是听到男朋友要回乡创业的消息,她毫不犹豫地提出了辞职。她说:"两个人一起创业,一起实现梦想是件很美好的事情。"

两人拿出全部积蓄和父母的资助,开始了多肉植物种植之路。但是,创业不是那么容易的,大棚坏了得自己修,客户和渠道要自己开拓,线上店铺也要自己经营打理,尤其是

第二章 心中有梦，脚下有路

在难熬的冬春两季，多肉植物更是需要格外精心的照顾……

虽然苦点、累点，但两人总是互相鼓励。"毕竟创业需要坚持，梦想实现的路上一定会有障碍，咬咬牙就会过去了。""是啊，喜欢的就是你义无反顾的那股执着，既然我们知道自己想要的生活是什么，那就必须努力，必须坚持。"

人都说多肉植物好养活，是懒人植物，实际上多肉植物主要生长在春秋两季，夏天需要注意水分和通风，冬天则要保温和防治病虫。刚开始种植多肉时，正赶上连续一周的高温，大棚里几千株新品种都死光了。这可把小浩和露露急坏了，两人一商量，决定干脆把家安在大棚边上，这样就可以时时照顾这些多肉植物。冬天的时候，他们还要定时给大棚加炭火，一晚上需要添加好几次。

如今，经过小浩和露露的摸索、实验，他们已经能够很好地照顾多肉植物，并且还经营了一家自己的淘宝店。不仅如此，还时不时会有顾客来大棚参观。他们给自己的大棚起名为"多肉家庭农场"，现在已经有10多亩的种植基地，数量达到5万多株。小浩还承诺露露："当大棚种满多肉植物，就娶你回家。"

实际上,"不知道该干什么"这样的迷茫,谁都经历过。我也曾经有段时间过着每天刷朋友圈、看微博,经常到半夜一两点的生活。可是,时间一长,身心疲惫不堪。我不想继续这样的生活,却又不知道怎么改变,如何朝着心中的目标坚持下去。

小敏是我的大学学妹,相比于其他同学,她算是走得比较顺的。她从小就学习好,大学毕业后进入了一家大型企业,让我们很羡慕。

最近,我经常听她抱怨"工作之后却越来越感觉迷茫,定下的目标什么时候才能实现"之类的话。

起初进入公司,她也怀着雄心壮志,抱着要有一番作为的心态。但是,作为刚毕业的新人,不免要做一些杂活,诸如端茶倒水、复印文件、跑跑腿。她觉得自己是个新人,做这些事也无妨,就当是锻炼了。

但是时间久了,她除了要完成本职工作,还要来做这些杂活。她觉得工作压力很大,内向的性格又使得她无处诉说。父母此时还不断给她介绍相亲对象,说找个工作好、挣钱多的,外貌、学历、性格都不重要,关键是有前途。小敏一下子觉得自己没有了目标,不知道是该听从父母的安排,

第二章 心中有梦，脚下有路

还是委屈自己继续在公司干下去，不知道自己的未来会是什么样，不知道自己喜欢的另一半该是什么样的。

她总说想要辞职，想要自己开店，但是说了半年，还是停留在计划上。

有一天，我忍不住问她："有没有想过自己为什么这么迷茫，感觉这么累呢？"

她说："每天朝九晚五都是那些重复的工作，我觉得不是自己想要的。"

我说："那是因为你缺少了目标和渴望，对未来没有希望，就会失去努力的动力，做什么就会觉得没劲。你可能不喜欢现在的工作，或者心生厌倦。你应该静下来好好想想自己到底想要什么，然后一步步朝着那个方向努力。只要确定好目标，就要去做。"

不久之后，小敏辞职，开了一家自己的花店。

要想不再迷茫，就给自己树立一个目标，这个目标就是你最想实现的梦想，最感兴趣的一件事情。

只要心中有目标，人生就不会迷茫。

大部分的悔不当初，都是自食其果

经常听人说："真后悔当初不应该……否则我现在早就……"如果真的有"后悔药"，你会吃吗？我们能做的就是努力过好每一天，为了梦想不断努力向前跑，从而青春无悔。

我曾经听过这样一个故事，故事的主人公叫念念。25岁的念念，是最后一次参加全国围棋个人资格赛。她骄傲地说："比赛完毕，我就要成为北方电力的正式员工了！"

小时候，念念在爸爸的影响下，爱上了下围棋。起初，念念以为围棋就是吃子。一直到她上了少年宫的围棋班，才仿佛看到了另一个世界。在一次定级赛中，念念从无等级升到了一级，这无疑给了她信心。

第二章 心中有梦，脚下有路

可是对于念念来说，学习围棋只能利用业余时间，这也就意味着念念要比别的孩子下围棋的时间更少，要想达到和别的孩子一样的水平，她需要付出更多的努力。念念坚持了下来。

然而，念念在冲击职业初段的时候，由于发挥失常，以一子之差落选。经过两年的努力练习后，她再次冲击，可仅仅位列第三，再次失败。接连两次的失败对念念的打击很大，她开始怀疑自己的逻辑运算能力，甚至觉得自己有些活泼的性格是不是不适合下围棋。

高考时，念念考取了某师范大学日语专业。随后，她突然得知职业棋手扩军的消息，由以前的2个名额增加到3个名额。她觉得自己的梦想又回来了。于是，她决定再苦练两年，冲击试试。

在校期间，她把业余时间都花在了苦练围棋和翻阅各种围棋书籍上。临近毕业，别的同学都忙着找工作，她也在无意中参加了某大型企业的招考，并且凭借出色的逻辑思维和运算能力，被公司录取了。公司人事问她："何时能到岗？"她有些不好意思地说："马上到来的围棋全国定段赛，我想参加完再来公司报到。"可是，她还是失败了。

当时有记者采访她，问她："为了下围棋把自己最美好的青春年华都留在了棋盘上，后悔吗？"她摇摇头说："当然不后悔了。曾经我最大的愿望是成为围棋专业棋手，虽然没能实现，但是我在下围棋的过程中收获了友谊，学习到了换位思考和逻辑思维能力。而且我考上大学、找到理想的工作也都和围棋分不开。我想说青春无悔。"

拼搏的青春是无悔的，而该奋斗、该追梦的年纪，你选择了安逸和茫然，等待你的只有后悔。

我记得我们村有个学习特别好的孩子叫小霞，那可是我们村第一个考上211大学的孩子。所有人都猜测她将来会留在大城市打拼。

意外的是，毕业后她选择了回家乡小县城，然后去了一家广告公司工作。由于她性子比较直，同事有时候会有意无意地刁难她，她工作起来不是很如意。一想到自己多年后可能还是这个样子，她就觉得这份工作不适合自己。于是，她准备考研。可恰在这时，家里给她安排了相亲，对方是个小公司的老板。在父母的劝说下，小霞跟这个老板结婚了。婚后的二人幸福甜蜜，她也当起了全职太太，每天在家带带孩子、做做饭，收拾一下家务。等孩子上了幼儿园，除了接送孩子外，她似乎也没什么事情可做了。

没想到，后来她老公的生意失败，生活一下子变得拮据起来。于是，她老公对她说："要不你出去找份工作吧。孩子慢慢大了，花销的地方也多了。"

可是，年近四十的小霞多年赋闲在家，大学所学的专业知识也早就丢下了，要经验没经验，要职称没职称。她好不容易鼓起勇气投出去的简历，石沉大海。

她叹气说："要是当初我继续考研，就不会是现在这个样子了。"

她老公有些不以为然地说："是啊，你要是不当全职太太也不会是现在这个样子。起码你有工作经验，找起工作来容易些。可是，现在说什么都晚了，后悔药没得买。"

后来，她应聘到了一家公司当文员。虽然工资不是很高，但是凭着一股韧劲和踏实的态度，她多次得到老板的赏识，一年后就被任命为部门主管。

人在年轻的时候，尤其是在最好的年纪，如果没有把握住学习和奋斗的机会，而是选择安逸的生活，那么无论你的起点多高,毕业于多么好的学校,或者能力曾经有多强,都会被时间、生活慢慢消磨掉。千万别等到一事无成,才去慨叹和后悔。

第二章 心中有梦，脚下有路

只求安稳，有时候就是对生活的否定

都说年龄越大，越喜欢安稳，实际上安稳不过是放弃努力的一种借口，对所向往的生活的一种否定。如果你有一颗不安于现状、跌倒后勇于重新站起来的心，那么你就不会停下努力前进的脚步。

云南红塔集团原董事长褚时健，是个颇受争议的风云人物。他曾因经济问题，于1999年被判处无期徒刑，剥夺政治权利终身。

在褚时健服刑期间，唯一的女儿在狱中自杀身亡。听闻这样白发人送黑发人的消息，他深受打击，精神不振。当所有人都认为这位老人将在狱中孤独终老时，他却通过在狱中良好的表现，获得了减刑。后来，由于他患有严重的糖尿病，获批保外就医。

在医院调养了一段时间以后，褚时健觉得他的人生机会来了，于是他和妻子商量承包荒山种橙子。起初妻子并不同意，毕竟都是70多岁的人了，还折腾什么呢。

可是，褚时健却说："很多人以为我能成为一代烟草大王，靠的是天时地利，靠的是云南得天独厚的地理优势。现在我就想在余生种种橙子消磨一下时间，也证明一下自己还折腾得动。"

就这样，褚时健用东拼西凑的钱承包了上千亩的荒山，开始种植培育橙子。现在，"褚橙"正成为"橙界"大品牌。他常说："人活着就得干事情，既然干事情就要干好。活着的每一天，把每件事情做好，尽好自己的每一份责任，就不是白白过这一生。不要去想太多安逸和死亡的事情，它来或者不来，谁也控制不了。"

"生于忧患，死于安乐"，求安稳或许是人在某个阶段想要的安全感。但是现实是残酷的，不存在长期的安稳和不改变的安全感。安于现状就意味着没有勇气突破自己，意味着早晚被社会淘汰。

我回到老家后，陪老母亲逛街时无意中遇到了多年的老邻居徐大哥。目光相对的那一瞬,一下子感觉他苍老了许多,斑白的头发,微驼的背,没了精气神的眼眸。看着眼前的他,我心里不禁有些酸楚。

回家路上,母亲才告诉我:"他现在日子不好过,在家待着呢。"

我有些错愕:"不会吧,他以前挺能干的啊,不是什么销售部主管吗?"

想当年,作为重点大学的高材生,徐大哥回到老家后很受欢迎。但是他没有选择进入相对稳定的公司,反而是选择了一家私营小企业,做了一名销售。

这家企业当时虽然在起步阶段,但是经过几年的经营,业务已经遍及多个地区。徐大哥也从一名小小的销售员,提升到了销售部主管的位置。

他多年辛苦工作,这下终于可以休息休息了。于是,他不再跟客户谈业务,也不再一心扑在工作上,而是没事就带着全家去旅旅游,找几个朋友打打麻将。日子就这样一天天过去,一转眼就是十年。

随着市场竞争的日趋激烈,这家企业的产品销量下滑严重,老板决定组建新的销售团队。于是,他下岗了。

生活中有很多类似徐大哥这样的人，奋斗过几年后就想图个清静和安稳，以为这样的人生就是自己向往的生活，以为只要守住自己现在拥有的，就能幸福快乐。但是现实不尽如人意，只要你停下前进的脚步，不思进取，就会被淘汰出局。所以，在能拼搏的时候，就拼搏吧。等到你拥有足够的资本时，再选择自己理想中的生活方式也不迟。

不管多难，也要努力寻找光亮

杨向阳出生时母亲难产，因长时间严重缺氧，全身发黑发紫，甚至一度被认为是活不下来的。父亲很爱他，给他起了个很有朝气的名字——杨向阳，希望他永远向阳而生，勇敢地面对生活中所有的困难。

但是命运还是没有怜悯小向阳，两岁的他被医生诊断为"脑瘫患儿"，很有可能活不过七岁。尽管如此，小向阳还是凭着坚强的生存意志活了下来，而且学会了说话和走路。父母为了让他和同龄孩子一样，送他上了学。

上学后，每天上下学成了小向阳最大的困难。刚开始时，父亲每天都背着他上下学，渐渐地，他觉得自己认得路了，虽然走得慢，要提前几个小时出门，但还是坚持自己去上学。

有同学经常问他:"为什么你要这么辛苦上学呢?身体有残疾,还这么拼命,你图什么呀?"

他眼神里满是坚定,回答道:"我想上大学,想到外面的世界看看,我要活得精彩些。"就这样,别人读一遍,小向阳就读十遍、写十遍,成绩一直名列前茅。中考时他考了全村第一,被全县最好的高中录取。

开学的那天,父亲送他去上学,没想到却被校长拒之门外。向阳争辩道:"我是自己考上的,凭什么不能进。"虽然向阳努力争辩,但最终还是没能走进学校的大门。

他伤心地看了看学校大门,对父亲说:"回村里上高中去,我不信自己考不上大学,只要努力,在哪里学习都一样。"

功夫不负有心人,经过三年的刻苦学习,向阳考上了自己理想的大学。收到录取通知书时,他高兴地哭了。

大学毕业后,他在家乡开了一家书店。由于经常上网了解图书市场的情况,他看到了电商的巨大商机。于是,他学着别人开起了网店。

起初他不懂得经营,赔了不少钱。后来,他请教了不少电商方面的人，最后决定学习做传统中式服饰。于是，向阳四处拜师学艺。店开起来后，从选料裁剪到刺绣，再到销售，他都亲力亲为。他常说："无论多么艰难，人都应该努力向着有光的地方前进！"

人都会遇到各种困难，只要坚定信念，不惧风雨，不怕孤独和艰险，努力向前，就一定能迎来曙光。反之，要是畏惧困境，自怜自艾，就会离自己想要的生活越来越远。

从前有一个有钱人在山上游玩时，遇见了一个穷人。有钱人看到穷人衣衫褴褛、瘦骨嶙峋的模样，就大发慈悲地对他说："这样吧，我给你一头牛，再给你一些种子。有了这些东西，你就能在山上开垦出一片土地，春天播上种子，秋天就可以收获了。这样，起码不会饿着了。"穷人听了连忙鞠躬道谢。

穷人开始犁地，开荒。可是没过几天，他就觉得熬不下去了，心想：牛吃饱了草才能干活，可是我都饿了几天了，没有力气，要不把牛卖了换几只羊，一只可以杀了吃掉，剩下的留着生小羊，这样既能吃饱又能赚钱，不是更好吗？

于是，穷人就到集市上用牛换了几只羊。可是小羊长大尚需时日，他忍不住吃了一只羊。他想：这样等着生小羊实在太漫长了,我不饿死才怪,不如换成小鸭子和小鸡,生蛋赚钱比较快,这样我的生活会很快好起来。

可是,他的生活不但没有任何变化,反而更加艰难了。

秋天的时候,有钱人来到山上,发现穷人颗粒无收,大白天坐在屋子里吃着咸菜喝着小酒。

"你的牛呢?种的庄稼呢?"

"都卖了,我就是个穷命。"穷人向有钱人讲述了自己的经历。

"你根本没有尽自己最大的努力,一心想着赚快钱,这怎么可能呢?想要收获,总得付出努力,像你这样想一步登天,怨天怨地有什么用,不会改变任何结果。你要想摆脱贫困,只有比别人更努力,才能获得收获。"

坚持努力,不要彷徨,人生才会有所得。

第二章 心中有梦，脚下有路

心中有梦，脚下有路

香港的青年读者用这样的话献给巴金："没有人因为多活几年而变老，人老只是因为他抛弃了理想。"人只要心中有梦想，就会有活力和动力，就不会感到茫然，就会知道接下来的路自己应该怎么走下去。

我曾经听过这样一个创业故事。小鹏大学毕业后通过面试进入了一家知名企业，但是朝九晚五的工作让他时常感到很没趣。他经常对父母说："还是小时候鼓捣那些机器零件有趣。"虽是一句玩笑话，却潜藏着小鹏的梦想。

有一天，小鹏的父亲突然脑溢血病倒了，虽然抢救及时，但是身体落下了后遗症。看着口眼歪斜、四肢活动有障碍的老父亲，他心里难过极了，不禁感叹生命无常。于是，他没有和家人商量，就辞了工作。

老父亲一听，很生气。小鹏认真地跟老父亲说："老爸，我从小就有个机械师的梦想，以前我觉得它离我很远，可经过您生病这事，我突然觉得自己离这个梦想又近了。老爸，我想试着做一个康复器械，帮您恢复健康。"

家人不再反对，他开始一步步实现自己的梦想。每天除了在电脑上画图建模，就是捣鼓各种零部件。由于每天长时间对着电脑，他患上了干眼症，医生说除非不看电脑，否则视力会大受影响。但是为了绘制图纸，他还是选择继续工作，只不过每隔一个小时就需要滴一次眼药水。

就这样，小鹏在每天制图、组装、焊接中度过了漫长的五年，终于成功做出了康复床。"右胳膊向前伸，右肩向前探一下，左腿向前伸展，左脚抬起来……"老父亲激动地流下了眼泪。通过几个月的测试，在康复床的帮助下，父亲的左腿渐渐有了知觉。但小鹏并没有停下脚步，他有了更大的梦想，希望通过这款康复床帮助更多需要康复治疗的人。

于是，他贷了款，准备批量生产这款康复床。几个月过去了，一张床也没卖出去，员工们纷纷离职。但小鹏没有放弃，仍然努力推广。功夫不负有心人，终于有一家医疗器械

第二章 心中有梦，脚下有路

公司决定订一批康复床试试。没想到，很多人使用后，反响不错。

在一次采访中，记者问他为什么这么辛苦还要继续前行，他坚定地回答："因为有梦想，就感觉浑身充满了能量。"现在已经有许多医疗器械公司向他发出订单，希望与他合作。

人生有了目标，只要努力就会开始聚焦，积累到一定程度就会"燃烧"。但是有了目标，如果不去行动，那也是徒劳。

我有个朋友叫亚明，每次聚会都抱怨有忙不完的工作，说自己像个无头苍蝇，越忙越心烦。这几天老板安排他策划一个童装展销会，在上班途中，他就喃喃自语地说："唉，一到公司我就得搜集材料，准备做策划案。"

他走进办公室，看着杂乱的桌子，心里不禁一阵烦躁，心想，有段时间不得清闲了，倒不如趁着熟悉资料的机会，休闲放松一下，说不定还能有灵感呢。于是，他收拾了一下桌子，冲了一杯咖啡，戴上耳机，开始听音乐。然后，他又开始浏览网页，看到有一个新上线的电影，果断打开网站看了起来。

半小时过去了，他突然想起策划案的事情，赶紧关掉网站。这时，手机突然铃声大作，原来是老客户的投诉电话："你们这次的策划案是不是有点太敷衍了，和去年的没什么变化啊？"他连忙道歉解释，说尽了好话安抚，才平息了客户的怒气。挂了电话，他又去抽了根烟。

出来后，闻到一股茶香，他心想，工作节奏总被打乱，策划案也是一件费脑子的事情，喝点茶醒醒脑，总归是好的。于是，他开启了上午茶时间。

回到办公室，已经接近十一点了，距离例会还有十五分钟，干脆吃过午饭下午再做好了。

上午很快就过去了，但亚明还是没有一点紧迫感，直到中午老板打电话来问他进度，他才发觉自己什么都还没做，只能心虚地说："还在修改和完善中，下班前给您准时送到办公室。"这时，他看着一大堆资料，心乱如麻。

"千里之行，始于足下。"只有目标是不够的，要知道实现目标需要一个过程，在这个过程中我们必须付诸行动，通过艰苦的努力，把梦想和目标转化为实际行动，这样目标才能实现，否则的话只能是空想。

束之高阁的梦想，只会是一事无成。

第三章
人生不是重在起点,而是贵在努力

人生就像一场你追我赶的比赛,
没有永远的胜者,只有努力不停地向前奔跑。

第三章　人生不是重在起点，而是贵在努力

人生不是重在起点，而是贵在努力

人生就像是一场马拉松，你的起点无论是领先还是落后，其实都不重要，重要的是不停下前进的脚步，努力朝着终点前进。

大学毕业之后，大家再相聚，觥筹交错之间喜欢议论的往往是那些变化比较大的。就拿我的发小鸣鸣来说，我们父母都是一个单位的，两家住得也近。从幼儿园开始，我们就是很好的朋友。鸣鸣不仅生得十分俊俏，而且很是聪明伶俐。从上学第一天开始，他就成了父母眼里的完美标杆。

小学二年级时，由于鸣鸣父母调动工作，他也跟着转学到市里的小学。后来，每每听到两家父母打电话，总是可以听到"他在学校又获得了什么比赛大奖""又得了几个第一"等。寒暑假时，我们会偶尔见见面，他总是滔滔不绝地说着自己远大的"救死扶伤"梦。高考时，他也没让大家失望，以全市状元的优异成绩考取了医学院。

进入大学的鸣鸣并没有像其他人那样放松对自己的要求，反而更加好学。他每天5点起床，去操场跑步，然后吃饭；8点的时候一定去图书馆看书学习；晚上12点才熄灯睡觉。这本来是很正常的学习作息，但是有一天我却听到了一个令人震惊的消息——鸣鸣在学校得了精神病，不得不退学了。

我眼前一晕，赶忙打电话。接电话的是他的妈妈。原来太过追求完美的他，对自己要求近乎苛刻，又加上住校跟同学闹别扭，使得长期压抑的情绪和精神压力一下爆发，让他有些神志不清了。

真是可惜啊！这可能是所有认识鸣鸣的人的想法。但是多年后，我再见到他时，却大吃一惊，又黑又胖的身材，再也看不出当年的清秀。

他调侃着问道："怎么了老同学，你认不出我了啊？"

我不好意思地说："是啊，跟以前变化挺大的。"

他解释说："都是激素闹的。当时生病吃了不少激素类

第三章 人生不是重在起点，而是贵在努力

药物，这身体就成这样了。"

我关切地问："那你现在身体和工作怎么样了？"

他有些自嘲地说："你看我这身体就知道了。至于工作，因为当时半路退学了，但是凭借以前学得一点皮毛，现在在做医药代理和销售的工作。"

我点了点头，说道："挺好的，人生嘛，总有起伏，慢慢来呗。"

他说："是啊，人生就是场长跑，我虽然跑得快，但是中场休息了一会儿。不过好在我缓过来了，正在努力追赶落下的路程呢。这几年病愈之后，当医药代表也挺开心的。现在我正准备开一个关于精神病人心理健康咨询中心，在自己的范围内能够承担更多的责任。"

从他的眼神中，我看到了他的坚定，也感受到了一股力量。

其实很多时候人生就是这么难料，经常考试第一的学霸，几秒钟单手玩魔方的怪才，有可能会被时间消去了优势，再次站在起跑线上。人生之路漫漫，总会有在你前面的人，也有落于你后面的人。如果你停下脚步，后面的人就会超过你；如果你加快脚步，你则会超越前面的人。

倘若你只是靠着天资或者暂时领先而骄傲，把人生当成百米冲刺，只努力一小段路程，之后就慢下来，甚至停下努力的脚步的话，那么你的人生很快会被别人超越。

我家邻居的孩子小张，别人都说她从小就是个当作家的"料"。也许是受到同是语文教师的父母影响，也许是她家的藏书丰富，总之还在上幼儿园时就能诵读古诗。上了小学以后，她更是成了班级和学校的"小明星"，总是各大作文比赛的常客和金牌得主。

高考时，她作文满分，以文学院第一的成绩考入重点大学。在校时，她不仅做了校刊编辑和小记者，还是广播站播音员，更是在很多杂志上发表了自己的小小说。毕业时，她凭借丰富的社会经历和优异的面试表现，被一家杂志社聘用为助理编辑。虽然有两个月的实习期，但只要通过实习，达到职位要求就可以成为正式员工。

刚开始实习时，作为职场新人的她处处谨慎小心，有经验的老编辑们说什么，她就照做什么。大家都暗地里称赞："这孩子可以啊，刚毕业挺有眼力劲儿，而且勤奋好学。""对对，工作效率也挺高的，有时候加班加点也没有任何怨言。""不挑活，打扫、收发快递、改错别字、打

第三章 人生不是重在起点，而是贵在努力

字，这些杂活干得也不错，真是难得啊……"大家你一言我一语地称赞小张，觉得她是个可造之材。

和她一起进公司的小杨，则显得有些木讷，写作水平也一般。但是她却一直默默地努力，没事就在家抱着各种书籍阅读，在公司也常找经验丰富的老编辑们请教，怎么才能写好过渡、开头，还把一些优美的文字和写作思路记录下来。每天分配给她的稿件任务，也都按时完成，编辑们对她的稿件的批注，她都会第一时间修改，不明白的地方也会虚心去讨教。

就这样，两个月的实习期很快就过去了。两人也都收到了成为正式员工的通知。

"小张，昨天的稿子你还没发我呢，是不是忘了？哈哈。"刘编辑发来消息。

小张喝了口水，懒懒地回复道："昨天没什么灵感，就写了一节稿子，剩下的今天完成。"

上午刘编辑经过小张旁边时，无意中看了一眼，本来以为她在写稿子，却发现小张正在追剧。

小张在工作上不如以前上进，而且还经常迟到、请假。一次开会她又在打瞌睡，会议结束时主任找她谈话。"其

实，公司从看到你的简历时就对你很满意，面试后也感觉你很适合我们编辑的岗位。你实习期间的表现也不错。但是最近我发现你老是拖稿，上班时间开小差，连刚才开会你都打盹。小时候都爱讲龟兔赛跑的故事，其实人生何尝不是一场长跑比赛呢？在你懈怠工作的时候，与你一起进社的小杨已经完成了任务。长此下去，你们之间的差距可就不是一星半点了。小张，趁着还年轻，踏踏实实努力吧。"

其实，一个人的起点如何并不重要，重重的是，他是否能够在经历挫折后仍努力前行。

第三章 人生不是重在起点，而是贵在努力

不想被"out"，就得拼命向前跑

我小时候看过一部叫《阿甘正传》的电影。那时候只是觉得电影里的有些情节比较好玩，没什么感悟。如今重温这部电影，让我有了新的感触。

阿甘是一个刚出生就被判定智商只有75的低能儿，只能利用沉重的脚撑才能勉强行走。好不容易得到了小学的入学名额，但是由于行动不便，他在学校受到了几个小男孩的欺负。有一次，几个小男孩又拿着石头追打阿甘，阿甘拼命地向前跑。

由于阿甘跑得太快了，脚撑竟然脱落了。可是，阿甘没有停下脚步，仍然向前跑。就这样，他不但摆脱了男孩子们的追打，也开启了自己不断努力奔跑的新人生。

可是，到了高中，阿甘也没能摆脱被同学欺负的命运。于是，努力向前奔跑，便成了他的生活常态。在一次慌不择路地逃命奔跑中，他冲进了正在比赛的橄榄球场。没想到，他竟比运动员们跑得还快。就这样，他入选了橄榄球国家队。

大学毕业后，他又应征入伍。在越战中，他凭借努力奔跑，成功活了下来，而且还救了很多战友。

他一直坚信妈妈说的话："只要坚持努力向前奔跑，就一定能够成功。"退伍后，他在医院休养时无意中学会了乒乓球，通过反复练习，他的球技日渐高超。后来作为美国乒乓球队员，阿甘为中美建交立下了功劳。

没有人生下来就懂得一切，拥有一切，只有在成长中不断进步，不断向前，才不会被淘汰。就像阿甘，他从不知道什么叫失败，不知道失败了怎么办，不知道被人嘲笑怎么办……但他知道，如果不努力向前奔跑，自己就会挨打。其实，生活对于每个人都是公平的，你付出多少，生活就会回报你多少。

第三章 人生不是重在起点,而是贵在努力

我表叔家的孩子婷婷,从小就生活在蜜罐里,过着"饭来张口,衣来伸手"的日子。作为家里的独生女,全家人都宠着她。为了她能专心于学习,什么家务活都没舍得让她做过。上了高中,她连袜子都不会自己洗。

由于学习成绩一般,高考填报志愿时,她索性选择了当地的一所大专院校。本以为到了大学,会学着努力一点,谁知她还是老样子,每天一下课,她就骑着自行车回家,一回家就抱着笔记本电脑开始追剧,到了饭点还得老妈把饭端到面前才肯吃。

父母尽管对她有些不满意,但是总觉得孩子还小,也就没怎么管束。

毕业那天,她兴冲冲地对父母说:"从今天起,我要努力了。以前你们养我,以后我努力奋斗养活你们。"

话说得好听,可事难做。她在找到的第一份工作——超市收银员试用期就经常算错账,还收了几次假币,不仅被老板狠狠地训了一顿,还被扣了不少工资。一个月下来,她钱没挣到,反而每天在外面吃吃喝喝,还得管父母要钱。

于是,她换了一份工作,在某公司做市场调研员。刚开始,她觉得每天接触很多客户,聊聊天问问问题,还挺有

趣。后来时间越长，她就越觉得无聊、烦琐。于是她就想出个办法，随意编造许多调查问卷和数据来应付上司。结果公司很快发现了婷婷的这种恶劣行为，直接开除了她。

婷婷十分委屈地对父母说："我不想再工作了。就算要工作，那至少也要休息半年以后再说。"

爸爸忍不住教训起她来："我们不怕养你，怕的是你不知道努力，不知道适者生存这个道理。要知道生活不会像我们这样包容你，生活是残酷的，你不努力，它就会抛弃你。"

婷婷满不在意地说："那我接着找工作呗。"

"这是一个充满竞争的社会，连我和你妈妈都还每天看看书呢。虽然我们还没退休，还算得上是公司的骨干，但是如果我们不努力，那我们可能就会因为跟不上时代的步伐而被淘汰，这就是竞争的残酷性。"

当你吃喝玩乐的时候，同事在加班给自己充电；当你遇到困难想退缩时，其他人却努力坚持着；当你顶不住压力想要放弃时，别人却挑起重担……无数次继续奔跑，会取得成功，无数次退缩和放弃，也会导致失败。

第三章 人生不是重在起点,而是贵在努力

在生活的竞技场上,从来没有全身而退、坐享其成一说,尤其是在这个人才辈出的时代,不努力就会出局。

在努力的路上,一起加油,不努力就Out!

只有为了生活奋斗，才有资格喊累

上周末，我在一本书上看到了一个励志故事，不禁有些感慨。我们经常喊累，但其实真正为生活而努力奋斗的人，从不轻易喊累。

故事的男主人公叫夏伟，是一个"90后"的送奶工。每天凌晨三点钟闹铃声一响，就意味着夏伟一天忙碌生活的开始。作为外来务工人员，他刚开始时做过很多工作，直到在一家锅炉厂当工人后，才渐渐站稳了脚跟。可是锅炉的工作是冬天忙得连轴转，夏天又闲得整天睡大觉。于是，为了多赚点钱，夏伟又应聘了送奶的工作。

由于租住的房屋距离奶站有一段距离，他需要骑半小时的电动车才能到达奶站。一到奶站，夏伟就得开始忙活。

因为每天都很忙,夏伟一年四季都不停歇,只有过年的时候才休息几天。他对工作很认真,无论天气多么恶劣,他都没有少送或送错过一次奶。就这样,他坚持了两年,而且两年来没有接到过任何投诉。

最近他成了公司的骨干,开始当起了师傅,带着新同事熟悉各个小区,任务和责任比以前更重了,但是他总是轻松地笑着说:"我还年轻,现在我就是一门心思奋斗,再苦再累也不怕,只要我还干得动,就会努力拼一拼。"

其实,每个人都有梦想,实现梦想的途中,会遇到各种压力,身体上会觉得累,有时候会想要放弃,但是想想自己的家人,想想自己已经付出过的努力,想想自己的梦想,又会觉得充满了力量,继续全力以赴。唯有坚持奋斗拼搏,才能勇敢地走下去。反之,你不努力,每天喊累,结果只会让你觉得更辛苦。

小乖和强仔的故事,就说明了这一点。

小乖因为没考上心仪的大学,被调剂到一个不喜欢的大学学一个冷门专业。由于对自己的专业没什么兴趣,他就每天没日没夜地玩网络游戏麻醉自己,把自己搞得疲惫不堪。可是,越是这样他就越觉得空虚无聊。为了摆脱这种痛苦,他花更多的时间玩游戏。

相对于小乖，强仔不仅考上了大学，大学的各科成绩更是名列前茅，在学校各种活动中也崭露头角，还在学生会竞选中当选了副主席。大三的时候他更是把目光投向了社会实践。

小乖经常说："强仔你活得好累啊，人生在世没有必要那么累。"强仔则嫌弃小乖不思进取，他经常说："你现在不累一点，生活会让你以后更累。"

临近毕业，面对就业问题小乖才有了紧迫感。他开始想着考研，但是复习了没几天就觉得很累。"唉，英语是我迈不过去的坎儿啊，累死也学不会。"最后，他放弃了考研，转向找工作。但他在网上投了许多简历大都是石沉大海，有消息的几家公司，应聘都失败了。父母打电话询问，让他别挑三拣四。他反倒抱怨："我都累死了，你们一点不理解我。"

小乖挑来挑去，才勉强找到一份工作。尽管他并不喜欢，也不擅长，但是为了生存只能从事这份工作。每天下班之后，他都感觉自己筋疲力尽，生活没有一点乐趣。

同样英语基础不好的强仔，则选择报了一个商务英语短训班。在学习的过程中，他无意中结识了某公司人事资源主管刘明。通过交谈，刘明觉得强仔很不错，就把他推荐到了自己所在的公司。

经过两个月的努力，强仔成了这家公司的正式员工。部门主管很器重强仔，经常带他到全国各地洽谈业务。虽然他每天都会加班到深夜，但是他过得很充实、很快乐。强仔说："努力奋斗的每一天都是充满希望的，再苦再累也值得。"

生活虽然辛苦，但只要努力奋斗了，就会有收获。因此，面对压力的时候，不要焦燥，因为这只是生活对你的一点小考验，相信自己一切都能处理好。人只有累一点的时候，才会更接近希望，更接近梦想。

精致，是一种生活态度

什么是精致的生活？是奢侈豪华，是高高在上，还是远离世俗喧嚣？实际上，精致，就是一种生活态度，一种取决于你对生活的态度，并非需要花费金钱去铺垫。正如钱锺书先生所说："洗一个澡，看一朵花，吃一顿饭，假使你觉得快活，并非全因为澡洗得干净，花开得好，或者食物符合你的口味，主要因为你心上没有挂碍。"

其实精致就是简单到心情难过时，买束花送给自己；出门上班时，画个淡妆，喷点香水；工作时，努力做好每个细节，不应付，不敷衍，哪怕只是每天进步一点点，也会让自己不断成长。真正的精致，就是努力过好每一天，让生活充满热情和活力。

第三章 人生不是重在起点,而是贵在努力

我的同学杨启华是某知名广告公司的项目经理,年薪百万,他太太张琪在我们学校里也是校花级别的美女。毕业就结婚的他们,可以说是我们经常羡慕的"神仙眷侣"。婚后张琪做过一段时间的设计师,但是随着女儿的出生,杨启华让张琪做了全职太太。

当了全职太太的张琪,没有了工作的忙碌,白天不是约朋友打麻将,就是自己逛街购物,家务活不用自己动手,全都交给保姆,孩子也是交给专人负责照顾。

时间一长,两人之间开始矛盾不断,经常为了一点鸡毛蒜皮的小事就争吵不断。

在女儿十岁生日过后,杨启华向张琪提出了离婚。张琪在家哭成了泪人,放学的女儿看见她这副模样,又急又气,不禁跟她说:"虽然爸爸让你不用工作,但你可以找些自己喜欢的事来做,比如手工、插花等,可是你不是逛街,就是在家待着,还老是跟爸爸吵架。"

女儿的话让她一下子明白了自己引以为傲的精致生活,是多么脆弱,也明白了精致生活不只是外表的光鲜亮丽,而是心态上的不放纵,不断地自强自立。

于是,张琪走出家门,从销售员做起,也学着关心女儿

和家人，努力做好每一件事。经过几个月的打磨，从头开始的张琪，又焕发了新的生机，也开启了新的精致人生。

她说："精致的外表，不是穿得多昂贵高雅，而是清新的发型和妆容，搭配得体的服饰；精致的内心，不是学历有多高、经历有多丰富，而是有思想、有内涵；精致优雅的气质，不是喝喝茶、逛逛街，而是经济独立，有能力独当一面，有自己的事业。"

现在她住的地方，虽然只放得下一张床和一张书桌，却是她和女儿温暖相伴的小窝。现在的她，每天穿着高跟鞋挤地铁和公交车，却乐此不疲。现在的她，学会了买菜时讨价还价。现在的她，不再去美容院，也不再用高档化妆品，但是却更加自信美丽。

精致作为一种生活态度，并不是用金钱和地位堆砌的奢侈，而是一种积极向上的气象，是一种思想上的理性认识。

第四章
与其羡慕别人，不如改变自己

如果把白日梦变成一个远大的目标，
尽自己最大的努力踏踏实实过好每一天，
那么这就不是白日梦，而是可以实现的梦想。

第四章　与其羡慕别人，不如改变自己

越是躺着做梦，越容易遍体鳞伤

很多人都做过白日梦。所谓白日梦，其实就是大脑中的幻想，实现与否，取决于我们自己本身。人如果不切实际、不脚踏实地地去实现梦想，那白日梦终究只会是白日梦，只会让自己更加沉沦。但是，如果把白日梦变成一个远大的目标，每天尽自己最大的努力踏踏实实过好每一天，那么它就不是白日梦，而是梦想，而且终有一天可以实现。

美国著名思想家、文学家爱默生有一次在家读书时，突然有一位年轻的小伙子登门拜访。这位小伙子是爱默生的忠实粉丝，不远万里来拜访爱默生，目的就是想要得到爱默生在文学上对他的指点。

从有些破旧的衣衫来看，这位小伙子家境并不富裕。但是交谈了一会儿,爱默生就感觉这孩子是个可造之材,言谈间显得有些气度不凡。尽管二人是第一次见面,但是经过交谈,二人有种一见如故、相见恨晚的感觉。临走前,小伙子留下了联系方式以及自己写好的诗歌文稿,希望爱默生可以有所指教。

爱默生简单地读了几页,发现这个小伙子很有写作天分。他对小伙子大加赞赏,还说:"你的文章我会推荐的,但你回去之后一定要多读书、多下笔创作。只要你坚持写作,你的前途不可限量。"

随后,爱默生也实践了自己的诺言,把小伙子的文章推荐到一些杂志上发表,但是并没有一下子引起轰动。于是,他继续写信鼓励小伙子:"孩子,你的作品还是很不错的,只是还需要读者慢慢地接受。希望你以后可以有更多、更优秀的作品寄给我,我会努力帮你实现你的文学梦的。"

就这样,两个人开始了频繁的书信往来。

在书信中,小伙子谈了自己对文学的许多看法,爱默生也会经常给他回信。不仅如此,爱默生还经常在自己的朋友圈提起这位小伙子。渐渐地,在爱默生的提携之下,小伙子在文坛有了一点名气。

第四章 与其羡慕别人，不如改变自己

也正是从这时候开始，小伙子有些骄傲了。他不再常常给爱默生邮寄诗稿作品，而是长篇大论地说自己的一些天马行空的想法。爱默生有些害怕，他担心小伙子正在走向白日梦的深渊。尽管二人仍然继续通信，但是爱默生却变成了倾听者。

秋天到了，小伙子和爱默生一起被邀请参加一个聚会。在聚会上，爱默生忍不住关切地追问道："为什么不给我邮寄你的诗稿了呢？"

小伙子不屑一顾地说道："我正在创作一部不朽的著作，一首长篇史诗。"

"可是，在我看来，你的抒情诗更好，你没有必要创作自己不擅长的作品啊。"

小伙子傲慢地回答："那些抒情诗怎么能够体现我的才华，只不过是小打小闹罢了。想要创作的著作世纪不朽，就得是长篇史诗。何况我已经是大诗人了，有很多人都认识我，我得有自己拿得出手的大作。而且，长篇史诗我已经写完了上半部，下半部很快就完成了。"

尽管这位小伙子喋喋不休地向在场的人吹嘘自己的大作，但实际上他发表过的诗歌，在场读过的人寥寥无几。

冬天到了，二人虽然还有书信往来，但小伙子言语间却只字不提自己的长篇史诗，而且还有些灰心丧气。直到有一天他终于忍不住向爱默生哭诉："其实我最近感到很苦恼。我写过几首小诗歌，您也曾赏识过我，我也因此感到无比骄傲。如今我的灵感消失殆尽，再也写不出任何东西。我感到很无助，我觉得自己是在浪费才华。但是在我的想象中，我本应该举世瞩目，本应该万人敬仰，我应该早就创作出自己的旷世之作。"

爱默生简单地回复了小伙子的来信："尊敬的大诗人，请原谅我的冒昧，原谅我这个乡野无知的小卒……"

收到来信后，小伙子再也没有写过回信。

故事中的这位小伙子，当他养成做白日梦的习惯后，他根本就不会去考虑如何才能走向成功，如何才能实现自身的社会价值。事实上，当他陷入难以自拔的白日梦的泥潭之中时，他原有的才华就已经在慢慢丧失了。最终的结果，就是他只能成为一名失去才华的平凡人。

我曾听过这样一个故事。

在英国北部有个8岁的男孩叫约翰，从小跟着魔术师父亲东奔西走，可以说是在剧场后台长大的。四处奔波的生活，

第四章 与其羡慕别人，不如改变自己

使小男孩频繁地更换学校。有一天在作文课上，语文老师说："今天这堂课我们的题目是，长大后我想要成为……"小约翰认真地想了想，然后就开始动笔了。他一笔一画地写下了题目：我想当个农场主。这篇作文，他洋洋洒洒地写了整整3页纸，描述自己当上农场主之后的情景，还画上了自己对农场的规划设计图。当时，他的语文老师给了他极大的赞赏，还让他当着全班同学的面朗读了他的作文。

到了18岁时，约翰考上了当地一所私立大学。

但是从进入校门开始，他的生活就好像变得一成不变了。每天他都在食堂、网吧、宿舍混日子，好像大学生活跟他一点关系都没有。每次开学开班会时，说起自己的计划和目标，他就会想起自己的农场主梦，然后滔滔不绝地描绘着美丽的梦。但是，他所谓的努力拼搏只不过是说说而已，每天的生活还是一如往昔的吃喝玩乐。

有一次老师好久都没见他来上课，就打电话叫他来办公室。老师开玩笑地调侃道："以后还是喊你白日梦男孩吧。"

"老师，干吗这么打击人啊！谁都有资格有梦想吧？"他有点气愤地质问老师。

"那你想想自己为了梦想都做过什么呢？你是有做过任何兼职攒过一分钱，还是利用业余时间学习过专业知识，抑或是接触和照顾过牛马羊这样的牲畜呢？"

他的脸一下子涨红了，不知道怎么回答。

"想做农场主，你得有资金、场地、牲畜等，显然你没有；想做农场主，你得有农业知识，但是你在学校这三年是怎样的，不用我说吧？这样的梦想不是白日梦是什么？每个人都可以有梦，也可以做做白日梦，想想自己未来想要过什么样的生活，从事什么样的工作，但是一味沉溺于这样的空想是很可怕的，它会让你的思维麻痹，会让你以为自己就这样混混沌沌也可以实现梦想。"

约翰听完老师的话，羞愧地离开了老师的办公室。

永远躺着做梦的人，只能永远做梦。只有努力过好每一天，才会让梦变成现实。

第四章　与其羡慕别人，不如改变自己

三分钟热度

我身边有这样一位做事三分钟热度的朋友，名叫阿韬。初中时，电视热播各种选秀节目，那些抱着一把吉他唱歌的男生，给他留下极深的印象。阿韬也不例外，他饶有兴致地买了一把吉他和各种教学光盘，还哀求父母在周末给他报了个吉他训练班。

第一天上课，阿韬整理好发型，背着吉他，骑着赛车前往音乐教室。可是一天学习下来，他就有些后悔了。晚上，他垂头丧气地回到家，一屁股瘫倒在沙发上。妈妈见状关切地问："怎么了，第一天学习什么感觉啊？"

他有些懊悔地说："手指按压了一天琴弦，好疼啊。也不知道老师为什么不直接教我们弹曲子。而且，我发现我可能不适合弹吉他,我的手指不够长。"

就这样,阿韬上了两节课后,吉他、琴谱和教学光盘就都被丢进了柜子里。后来,这也成了他拿来炫耀的事:"想当年,我要是坚持学好吉他,估计现在我也早就成了下一个选秀冠军了,只可惜当时我就新鲜了几分钟,现在想想真是遗憾啊。"

到了高中,阿韬觉得还是要学会一门乐器,这样的话生活才会比较丰富,于是他选择了方便携带的口琴。满怀憧憬的他,心想:等我学会了口琴,无论走到学校还是大街上,随时掏出口琴吹上一曲,不知会吸引多少驻足的目光啊。但是,他买完了口琴就把学口琴这事搁置了。"买回来一吹才发现高中低音好难控制,自学根本不可能啊!"他很有道理地说。

后来,学校来了个泰国外教,他又一时兴起,决定学习泰语。这次他倒是真的行动起来了,不仅买了泰语书籍,还上网报了泰语学习班,又找老师印了一份泰语基本口语对话的句式,有事没事跟同学聊天时,还说上几句基础的泰语。但是,阿韬坚持了不到两个月就放弃了。现在再问他泰语,也就只能和我们一样说一句:"萨瓦迪卡。"

第四章 与其羡慕别人，不如改变自己

到了大学，他又跟着同学一起迷上了塔罗牌，成为一个塔罗牌大师成了他业余最大的梦想。于是，他把业余时间全用在研究各种塔罗牌占卜书籍上。看着他没事拿着一副塔罗牌给女生们占卜爱情、运势，并且说得头头是道的样子，室友们还颇有些羡慕。可谁知没过两个月，正当他的室友们开始准备跟他学几手占卜时，他却有些嫌弃地说："大男人还是志在四方比较好，学什么占卜啊，这玩意儿更适合女生玩。"

虽然敢于尝试各种事物是好事，但是只有三分钟热度，难以坚持，就很难有所成就。

任何成功都不是一蹴而就的，而是下了很多苦功夫的结果。做事不要三分钟热度，持续努力，才能持续燃烧，持续发光发热，走得更远更久，更接近目标。

别以为游手好闲就能做文艺青年

不知道从什么时候开始，人们喜欢称那些向往文艺生活的人为文艺青年。他们喜欢读书写作，向往成为村上春树这样的作家；他们喜欢看小众的文艺电影，在里面找寻回忆的影子和心灵的归宿；他们喜欢听朴树、许巍的歌，因为歌里是纯净的世界和孩提般的童真。

导演、编剧、制片人、音乐人高晓松说："文艺青年必定是有志气、有理想的。其中有一类文青是'全副武装'的，比如……我有吉他、摄影机、笔；而另一些则是手无寸铁，只是喜欢电影、小说、音乐，他们只能算是文艺青年爱好者。"

那些游手好闲，整日无所事事，表面上爱好艺术，实际

第四章 与其羡慕别人，不如改变自己

与大众格格不入的年轻人，尽管也标榜自己是所谓的文艺青年，却是地地道道的混日子的伪文艺青年。

一天，我无意中翻看朋友圈，看见老同学赵哥发了一条很有腔调的文字："我想变成一条鱼，不洗澡也不会脏，在七秒的记忆里，我永远是最可爱的。即使我大腹便便，即使我邋里邋遢，即使我一无是处，我依旧不会感到忧伤。"

乍一看，还真有那么点文采，颇有点文艺男青年的感觉。但是仔细一想，这不就是既什么都不想做，又想给自己的游手好闲披个好看的外衣的意思吗？

记得上学时，赵哥爱装"社会人"，在肩膀上弄了个假文身，写着"HATE"（讨厌）。在阳光下，他的文身颇有些刺眼，夏天热的时候也会掉色儿。在穿衣打扮上，他更是喜欢走非主流路线，学校规定必须穿校服，禁止奇装异服，他就故意不穿校服，而穿破洞牛仔裤搭配白背心、人字拖。平时遇到不高兴的事，他就直接用"武力"解决，哪怕是女生招惹了他，他也会骂骂咧咧。

在老师眼里，他是不爱学习、游手好闲的坏学生；在同学眼里，他满嘴脏活，动不动就爱打架。可是，在他自己看来，他就是文艺范儿，就是与众不同，就是文艺青年，他觉

得没有人懂他。

　　赵哥平时更是喜欢标榜"自由",经常在课上老师不注意时,叼个烟卷,装一下所谓的"自由范儿"。一次学校组织文艺演出,他主动报名参加节目,排练的时候还挺认真。老师们说:"这孩子弹吉他唱歌还是不错的,希望晚上演出能有更好的表现。"演出当晚,歌曲前半段他唱得还不错,可是后半段他却突然把吉他摔了,高喊:"不要考试,不要读书,我要成为下一个许巍!"结果被保安轰下了舞台。

　　再见赵哥时,他依旧是个"自由"人,干着各种自由职业,但总是干不了多久就转行。有一次大家在微信群里聊天,他在群里发了一些推销商品的链接。有的同学问他:"怎么,赵哥也接地气了、食人间烟火了,开始上班挣钱了,不当文艺青年了?"

　　赵哥笑了一声,淡淡地说:"谁说的,我一直都在追寻我的文艺青年梦啊。瞧你们每天都累得跟什么似的,我想干就干,不想干就睡觉,这么惬意的生活多美好啊,你们不羡慕吗?"

　　金银不贪,情怀不减。生活有所依,精神亦有所依。

　　文艺可以成为你的标签、爱好、技能,甚至生存之道,但绝不应该成为你游手好闲的借口。

自律，才能获得向往的生活

自律这个词很多时候都会和自由放在一起。那什么是自律呢？我的理解是，自律是一种主动生活的状态，而不是放任自己随波逐流。人只有选择自律地活着，才能让自己朝着目标一步步进发，最终过上向往的生活。

乔布斯曾说："自由从何而来，从自信来，而自信则是从自律来，先学会克制自己，用严格的日程表控制生活，才能在这种自律中不断磨炼出自信来。"

对于著名作家严歌苓来说，在漫长而孤独的写作路上，比起天分，勤奋、坚持才是更为重要的东西。她过着一种自律的生活：每天写作六小时，每隔一天就要游泳1000米。每隔一两年，严歌苓的名字就会出现在畅销书架或者改编的影视作品上。她出书就像交作业一样"规律",于是总会被问道:"你怎么能写那么多书?"严歌苓的答案跟她每天的生活一样简单:"我当过兵,对自己是有纪律要求的,当你懂得自律,那些困难都不算什么。"

对于有理想和有追求的人来说,想要实现目标,就必须对自己有要求,用自律和行动突破心中的障碍,才能走向诗和远方。

我的表弟上大三的时候,没事总跟我抱怨大学生活无聊。

我很好奇,不解地问:"大学生活应该比以前丰富多彩才对呀,你怎么会感觉无聊呢?"

于是,他就开始列举自己的生活状态:"每天上午拿着课本去教室上课,中午晚上去食堂排队抢饭,回到宿舍就开始和室友们一起打游戏。有时总是输,也就觉得没什么意思,但是又不知道该干什么。"

我提醒他说:"学生主要的当然还是学习啊。"

他狡辩说:"宿舍人都在玩,没有学习的环境啊,根本读不下去。"

"那你可以去图书馆或者自习室啊。"

"图书馆太远了,懒得去。自习室还需要早早去占座,多麻烦啊。"

"那你就多参加社团或者打工做个兼职也行啊。我那时候就是参加了很多社团活动,业余时间还做家教什么的。再不济,男生可以踢踢足球或者打打篮球什么的。"

他却说:"上了一天课了,哪还有力气运动啊。"

我突然明白了他的问题所在:"你其实不是生活无聊,而是你生活学习太不自律。你也不是无事可做,而是只想打游戏混日子,却偏要把责任归咎于别人的干扰和环境的影响。你无法管住自己,又不知道怎么解决,索性就放任堕落,因此才会觉得大学生活过得一塌糊涂。"

我把自己经历过的同样不自律的生活跟表弟讲,他听后若有所思,表示以后绝不会这样浑浑噩噩地度日了。

一年过去了,表弟圆满完成了学业,还在业余时间练习毛笔字。无论是毕业忙着写论文、找工作,还是工作后琐事繁忙,他都不曾放弃练习毛笔字。这一年的时间,他用自律保持了一项优雅的兴趣,也懂得了用自律控制自己的欲望,甚至掌控了自己的人生。如今,他已经是一家企业的主管,事业小有所成。

如今，很多年轻人面对各种应酬和不健康的生活方式时无法做到自律。实际上，选择什么样的生活方式外人无法干涉，只有自己能够决定生活的样子，就像康德所说："我们不是动物，不能任由欲望和冲动蔓延。唯有选择自律，才能让我们区别于动物，也会让我们活得更高级。"

你能否为自己的人生自律一次呢？坚持不懈的自律，终究会助你破茧蜕变成蝶。

第四章　与其羡慕别人，不如改变自己

与其羡慕别人，不如改变自己

有句话叫"心动不如行动"，其实说的就是与其羡慕别人，不如行动起来改变自己。任何成功，都不是凭空而来的，而是努力和付出的结果。你羡慕别人拥有婀娜的身姿，就要改变不良的生活习惯，多运动；你羡慕同事在工作上有所成就，就要改变做一天和尚撞一天钟的想法，每天进步一点点。

我曾经听过这样一个励志的故事。

女主人公结婚后，很快就怀孕了。于是，她为了更好地养胎，辞了广告公司设计师的职位。和公婆一起居住的她，每天照顾全家人的生活起居、一日三餐。

尽管她顺利诞下了双胞胎，还是觉得有些失落。老公整天忙着工作，两个小宝宝也由公婆照顾，她的任务就是每天做饭。

有时候，饭菜做多了，她觉得扔掉太可惜，索性就自己吃掉，这样做的结果就是她的体重一下子由生产前的45公斤，飙升到了80公斤。

现在的她，只能买男士衣服，不再穿高跟鞋，告别了紧身服饰。她越来越自卑，变得敏感和神经质，动不动就乱发脾气。可她越是心情不好，就越想吃东西，身材就越走样。

尽管只是在家做家务、照顾宝宝，但是肥胖的身体依旧让她吃不消，她经常感觉到腰疼、膝盖疼。去医院看过医生后，医生建议她必须立刻开始减肥，否则肥胖会严重影响身体健康。

于是，她开始了减肥运动。每天早晨6点起床做伸展运动，下午爬楼梯、跳绳、晚饭后慢跑、游泳；一天只吃三顿正餐，不再吃零食，以免暴饮暴食。

半年后，她成功瘦身到50公斤，也成了很多宝妈们羡慕的对象，但她却常说："没什么可以羡慕的，只要你们愿意改变自己，你们也可以的。如果只是羡慕别人，自己不肯尝试努力，不肯改变，那一切都是徒劳。"

第四章 与其羡慕别人，不如改变自己

"临渊羡鱼，不如退而结网。"与其站在深潭边看着活蹦乱跳的鱼羡慕不已，倒不如回去结网，痛痛快快地撒网打鱼。同样，羡慕别人的成就，可以激发你的潜力，但是做事仅有雄心是不够的，踏踏实实地行动，扎实走好每一步，才是真正改变现有生活的开始。反之，仅仅是羡慕别人的成功和生活，那也只能是羡慕了。

前几天，一位工作没几天就辞职的朋友对我大吐苦水："我之前那个老板，一直对我有成见，挑三拣四的，一点错误就抓住不放。一会儿说我不懂电脑操作，一会说我文案的格式不对，一会儿又说文案传达的理念不对。总之，在他的眼里，我什么都做不好，哪一项工作都是一团糟。现在我辞职了，看他怎么给我找事儿。"

我笑了笑，而后平静地问："既然你之前的老板老是说你，那你觉得他说得对不对呢？"

朋友说："当然不对了，我哪有他说得那么差，我觉得自己做得很好了。如果不是他百般挑剔，我绝对可以胜任这份工作的！这个老板太偏心了，对公司新来的小姑娘倒是挺照顾的，从来没有教训过她！"

朋友口中的姑娘我倒是知道，朋友之前说起过。她毕业

于重点大学,在学校里就是风云人物,担任过学生会主席,负责过社团。她的工作能力应该很强,老板可能只是应材适用。

想到这里,我突然想起,这个姑娘刚来到朋友所在的单位时,朋友还想过追求人家呢!现在几杯啤酒下肚,居然说出这样的话。我摇了摇头,对朋友说:"你之前不是说那个姑娘是重点大学毕业吗?人家得到老板的器重,肯定有自己的实力。"

"我没有实力吗?"朋友嚷嚷着,然后又打开了一瓶酒,"你是不是也觉得我挺差劲的?"

我没想到朋友会这么问,一时间愣住了,不知道怎么回答。朋友见我不吭声,又自言自语地说道:"唉!其实我也觉得自己混得蛮差劲的,你看以前一起玩的几个哥们儿,哪一个现在混得不比我好?一个个光鲜亮丽的,我在你们中间就像陪衬一样。"

的确,当初几个一起玩的哥们儿,只有我和他关系最好。后来工作了,大家都忙,渐渐地联系就少了,感情也淡了。只有我和他会常常一起出来吃饭、喝酒。经过了年少轻狂的时光,这份友情显得更加弥足珍贵。

第四章　与其羡慕别人，不如改变自己

"谁说你是陪衬了，我们认识这么多年了，哪有那么多这样那样的事。这句话我之前说过很多次了，我今天再说一次，你与其天天抱怨自己不如别人、羡慕别人的生活，为什么不试着去改变这种情况呢？"

"改变？"朋友喊道，"我拿什么改变？现在从头开始重新上学吗？我已经落后那么多了，怎么赶得上？"

"就从现在这一刻开始改变。老板说你做得不好，那你就努力去学习，努力做好，让老板看到你的实力。你说你落后别人很多，那从大山里走出来的孩子又落后我们多少，人家长大后不也是站在了同样的位置。知道为什么吗？那是因为他们肯努力。"喝了点酒的我有些激动，语速有些快，朋友一时间没有反应过来。

半晌，朋友似乎明白我说了什么，对我说道："你说得对，不管落后多少，从这一刻开始改变自己都是好的。"

我原以为我的话并没有说进朋友的心里，可事实证明我想错了。原本隔三岔五就找我喝酒的朋友，已经一个多星期没给我打电话了。偶尔聊聊微信，说不了几句话他就说自己要工作去了。虽然朋友这样的改变让我有些不适应，但我还是为他感到开心。

事实上，羡慕是最没有价值的一种情愫。有的时候，过度羡慕某个人、某件事，反而会给自己带来更多负面的情绪，甚至因羡慕而心生忌妒。所以，与其羡慕别人，不如从这一刻开始改变自己。

第五章
无所畏惧的你,才是真正的自己

无所畏惧是一种信念、一种精神,是在经历过绝望无助后依然对这个世界保有最温暖的初心。

第五章　无所畏惧的你，才是真正的自己

不完美的人生才是人生

什么是完美？什么是无缺？每个人都在努力，努力让自己变得更好，努力成为那个想要成为的人。如果每个人都是完美无缺的，那我们又如何进步？我们的价值又在哪里？

即使是那些光环绕身的成功人士，也并非完美之人。每个人都有自己的缺点，而正是这些缺点让他们督促自己变得更好，时刻提醒自己自身所有的不足。

人生的不完美有些是有形的，有些是无形的。有形的不完美似乎更让人接受不了，而有些人诚实面对并接纳了那个不完美的自己，反而活出了自己的精彩。把不完美的人生活成最完美的样子的代表当属尼克·胡哲了。

人生除了惊喜就是惊吓。尼克·胡哲的出生对于父母来说算不上惊喜,因为尼克·胡哲天生患有海豹肢症,缺少双手双脚。他的父母非常震惊,找到医生,医生表示无能为力。他的妈妈坦然接受了自己的孩子跟其他孩子的"不一样"。

走过了最初的震惊与痛苦,尼克·胡哲的家人也都接受了孩子的特殊之处。家人的不离不弃,给了尼克·胡哲无数信心,家人从未说过尼克·胡哲身体缺陷是什么缺点,因此尼克·胡哲并未觉得自己异于常人,也不觉得自己跟别人有什么不一样。

每个健全的人不要说失去四肢,即使眼睛失明都会觉得万分痛苦,由此可见,尼克·胡哲的父母当时付出了多少的耐心与爱心。尼克·胡哲逐渐到了读书的年龄,因为身体的原因,他需要特质的轮椅以及护理人员的陪同才能去学校。

但是,尼克·胡哲没有去残疾人士学校,因为他的父母始终相信自己的孩子没有异于常人。事实上,在生活的种种困难中,尼克·胡哲从未退让。在学校里,尼克·胡哲因为同学的嘲笑和异样的眼光被深深伤害了,感受到了前所未有的自卑与绝望,甚至一度消沉,产生了轻生的念头。父母既着急又心疼,想出各种办法来帮助尼克·胡哲走出这种自卑

第五章 无所畏惧的你,才是真正的自己

与绝望的困境。

直到有一天,尼克·胡哲看到了一篇文章,文章的主人公是一名残疾人士,却用自己的方法活出了不一样的人生,而且帮助、影响了许多人。尼克·胡哲终于恍然大悟,原来自己不是唯一一个不幸的人,自己也不是只有悲伤的选择。

从那以后,尼克·胡哲面对生活不再消沉,而是乐观、积极地去面对,去克服身边的一切困难。虽然在征服生活困难的这条路上,跌倒的次数已经数不清,但成功的喜悦超越了所有困难带来的痛苦。尼克·胡哲不但在生活中如鱼得水,甚至在体育界取得了很好的成绩。

不仅如此,尼克·胡哲抱着初心与热情,给残疾人士演讲,足迹遍布世界各地,每一场演讲都让人热泪盈眶。每一个观看过尼克·胡哲演讲的人,都被他那种不畏艰难、不怕失败的精神所震撼,因为他的成长历程要比普通人的成长艰难很多,可他从来没有放弃,也从没有抱怨过自己身上的不足。而恰恰是尼克·胡哲自己身上的不足,才让他的勇气更有影响力。

每一个人身上都有大大小小的缺点,就像人生旅程中总有遗憾。经常听到人说,如果时光倒流我会怎么做,其实不

用时光倒流，我们也可以获得幸福。遇到困难多坚持一会儿，遇到挫折多点耐心，遇到问题多想一个方法，就会让你的人生变得更加美好，而不是未经尝试就放弃、抱怨与哀叹。幸福和完美不取决于它们本身的美好，而是你在追求幸福和完美的旅程中看到了多少独特的风景，有着怎样独特而美好的体验。每个人都有自己的特性，正是人生的不完美让我们找到自己的独特性。

没有谁的人生是完美无缺的，缺憾才是人生常态。关键在于，如何对待缺憾，这就是为什么有的人活得幸福，有的人活得不幸的原因。

我们身边的一切人，包括朋友、亲人、伴侣和自己，没有谁是完美的，可正是那些不完美，才让我们更需要彼此，也相信彼此的存在会让我们拥有一个完整的人生。

第五章　无所畏惧的你，才是真正的自己

越是无路可走，越要努力向前

　　生活由一个又一个的希望组成，而且生活充满着各种滋味：喜悦、悲伤、哀愁、无奈和痛苦。没有谁的人生是一帆风顺的，在通往终点的过程中，我们会经历数不清的考验和磨难，正因如此，我们的人生有了厚重感。

　　人生的大部分成长和蜕变都离不开生活的磨炼。有的人被生活的磨炼吓住了，止步不前；有的人面对生活的磨炼选择坚持到底，不管遇到多大的困难，都勇往直前。

　　我听朋友说过这样一个故事。

　　男孩和女孩是班里的"模范情侣"，在学校走过了很多风风雨雨。毕业季的到来让两个人面对分隔两地的情况，男孩对女孩说："你还是跟我一起走吧，这样方便我照顾你，不然你生病的时候怎么办？"女孩听完后感动得一塌糊涂，于是跟随男孩去了他的城市。

最初两个人互相扶持，男孩也履行着自己的承诺，处处照顾女孩。后来时间一长，男孩干脆就让女孩不去上班了，说自己以后养活女孩。

于是，女孩放弃了工作，放弃了原有的独立，整天在家看美剧，打游戏，睡觉。日子过得看似很惬意，女孩更是每天沉浸在幻想中，憧憬着和男孩的未来生活。

可是有一天男孩突然跟女孩提出分手，说两人之间已经没有了共同语言。女孩满心委屈却无处诉说。被分手的女孩拖着自己的行李，走在拥挤的人海，觉得特别孤独。身边的人那么多，却没有一个人可以诉说。

女孩没有回家，也没有对家人说起自己的处境。女孩在网上投了简历，每个面试邀请都准时到场，可每次都被人事以各种理由拒绝。女孩这才发现自己与社会已然脱轨，不再是那个刚刚毕业的大学生了。

女孩分析了自己的情况，决定放低自己的要求，从基础做起，只要有公司肯给自己机会，不管薪资多少都要尝试，就当是积累经验，历练历练。女孩的第一份工作是在一家小

第五章 无所畏惧的你，才是真正的自己

公司做行政文秘，虽是行政，但也解决了自己的生存困境。好在她的外语不错，再加上勤恳的工作态度，她得到了上司的赏识。在一次商务洽谈中女孩被外方的总经理看中，于是去了外企。外企工作节奏快、竞争压力大、讲求高效率，女孩便把所有的精力都放在了工作上，而且利用平时休息时间报了其他外语班。

经过几年的打拼，女孩从基层的人事专员，晋升到了人事经理，后来经过自己的不断深造成了人事总监。女孩回顾自己的职场路程，不禁感慨万分，明白了人要是被逼到无路可走，就会奋起向前，也明白了只有经济独立，内外兼修才是一个女生最美的样子。

每个人面对困境的反应不同，有些人会被困境吓倒，有些人则会走出困境，看到另外一片天。

在生活中，我们多多少少都会放弃一些东西，因为我们一生中要做出无数选择。但无论如何选择，都要心里无悔。

李某和女友从恋爱到结婚都是一帆风顺，家里条件也算可以，自己事业也不错。两人结婚后，妻子便待在家，十指不沾阳春水，家务也从不理会，丈夫虽心里不悦，但也没有说过什么。

一年后，宝宝出生了，全家人都沉浸在喜悦中。可是，金融危机席卷全球，很多公司都未能幸免，李某的公司也不例外。当李某的妻子得知丈夫的公司倒闭还欠下巨债的时候，她提出了离婚。李某再三恳求，妻子还是带着孩子走了。李某的父亲得知后，受不住刺激，一下子晕过去了。李某感觉自己陷入了绝境，家庭、事业、孩子一夜之间都没了。

李某开始变得颓废起来，天天待在家里喝酒。父母心里着急，于是托人给他找了份工作。李某觉得面子拉不下来，太丢人，没有去，仍然天天在家里"啃老"。

每个人都会有自己糟糕的境遇，自己的苦恼忧愁，这个时候，放弃很容易，承认失败也很容易。可是，放弃就能解决问题了？我从来不相信这个世界上会无路可走，而相信即使遇到再大的难题，也会有"船到桥头自然直"的时候，只要坚持住，不改初心，努力向前，就会遇到更好的自己。

第五章　无所畏惧的你，才是真正的自己

哪怕带着伤，也要砥砺前行

人生不如意之事经常会有，每个人的一生不可能都是一帆风顺的。人生在世，会遇到高兴、顺心、幸福的事情，同样也会遇到挫折和苦难，关键在于，你是否能克服挫折和苦难，努力地往前走。

相信大家对张韶涵都不陌生，当年她唱的那首《隐形的翅膀》可谓火爆非常，还被用来当作高考作文的题目。最近，她参加了《我是歌手》这档综艺节目，让我对她又有了新的认识。

最初知道张韶涵，是由于看《海豚湾恋人》这部电视剧。那个时候对她的印象并不深刻，只是被她青春靓丽的外表以及她那海豚般的嗓音所吸引，觉得这个小小的女生身上

有一股大大的力量。

渐渐地,我听说了她很多不好的事。网上关于她的传言,更是满天飞。可是,她没有被这些传言打倒,而是选择默默接受这一切,带着一身的伤,砥砺前行。

在这期间,她一直都很努力,没有放弃对音乐的喜爱,继续学习深造。经历了那一段黑暗人生后,张韶涵重返舞台,她变得更加坚强了。

回归后的张韶涵,不再是那个柔弱的小女生,而是成熟的大女人,她知道风雨过后,迎来的会是彩虹,就算受伤,也要爬起来继续前行,因为人生没有回头路,就像那首《隐形的翅膀》里所唱的:"每一次都在徘徊孤单中坚强,每一次就算很受伤也不闪泪光,我知道我一直有双隐形的翅膀,带我飞,飞过绝望……"

受过伤不可怕,可怕的是你没有勇气继续前行。张韶涵完美地诠释了即使受伤,也要勇敢前行。但是,并不是每个人都能像她那么勇敢。

我身边有这么一个女孩,让我们看看发生在她身上的故事。

女孩和她的对象当时是高中同学,两人因为分班的原因，成为前后桌。当时女孩学习非常好，在班级里的成绩名列前茅，是老师的重点培养对象。可是，男孩的学习成绩却一塌糊涂，他不仅不爱学习，每天还调皮捣蛋、逃课，甚至还与校外生打架，简直就是一个问题少年。男孩爱和女孩开玩笑，喜欢喊她"书呆子"，但女孩不搭理他。可越是这样，男孩越想要和女孩说话。

后来，男孩渐渐地发现自己好像对女孩有种不一样的感觉。为了得到女孩更多的关注，他开始时不时的"找事"，拿各种不懂的问题问女孩，甚至找些很幼稚的问题。女孩有时也会被他可爱的一面所吸引。

这样一来一往，彼此有了好感。于是，女孩和男孩约定要考上同一所大学。男孩为了女孩，开始把心思放在了学习上，女孩也在课后帮男孩补习功课。功夫不负苦心人，经过一段时间的努力，男孩的成绩从班级倒数几名提升到了班级前十。但男孩并没有因此沾沾自喜，反而更加努力。

后来，男孩和女孩如愿考上了同一所大学。本来以为，他们会像所有美好故事的结局那样，开始幸福的生活，可生活毕竟不是故事。

上了大学的男孩慢慢变了，变得不爱去上课，而是在宿舍打游戏，成绩更是一落千丈，对待女孩也不像从前一样给她打饭、帮她打水。曾经形影不离的两人，如今见面不是争吵，就是无话可说。最终，男孩提出了分手。

看着男孩离去的背影，女孩难过极了。她感觉自己就像一个无家可归的孩子一样，孤独无助。

女孩开始放任自己，整个人变得很颓废。据说后来大学也没有念完，女孩就回老家了。

再后来，女孩嫁给了本村的一个人，日子过得也是不温不火。

人生路上总会有困难和磨难，总会有跌倒、受伤的时候。跌倒了不可怕，可怕的是你不敢站起来。受伤了不可怕，可怕的是你放弃"治疗"。不管遇到多大的磨难，受过多大的伤，也要克服困难，勇敢大步地向前走。

第五章　无所畏惧的你，才是真正的自己

无所畏惧的你，才是真正的自己

说起无所畏惧你会先想起谁呢？是电影中的超级英雄，还是漫画中永远满腔热血的主人公？

然而，在我看来，无所畏惧是一种信念、一种精神，是在经历过绝望无助后依然对这个世界保有最温暖的初心。

有位高僧曾说，无所畏惧的基础，是放弃坚硬，对自己格外温柔，允许自己全面呈现脆弱、伤感和现在的感受。

就像我一个朋友的亲身经历。

我的朋友姓白，就叫他小白吧。小白是一位非常开朗乐观的时尚买手，可谁也想不到曾经的他居然是校园暴力的受害者。

小白从小就是一个非常文静、帅气的男孩子。他不像其他男孩子一样喜欢打篮球、踢足球，他的爱好是看小说、杂志、偶像剧。

这样的爱好，在男生看来有些另类，再加上小白的性格，他自然就成了其他男生为难的对象。

小白的小学过得还算平稳，但初中就不那么如意了。刚开始，小白的初中生活还算平静，后来，男生们给小白起了难听的绰号——"娘炮""娘娘腔"。

小白不喜欢那些侮辱性的绰号，可是他的反对没有什么用，反而迎来更加过分的辱骂。他想找他们谈，没想到面临的却是更加过分的校园暴力。

从那之后，小白变得更加内向，他想把自己缩到最小，最好是什么人都注意不到他。可是他即使什么都不做依然会被当作恶作剧的对象——他的书本经常不翼而飞，他的课桌有时候会被搬到操场，上课时只要他站起来回答问题同学总是哄笑……小白跟父母说自己想转学，父母却觉得这都是小白的问题，反而批评他成绩下降，让他把心思多放在学习上。

直到小白进入高中部学习，这种状况依然没有得到改善，甚至有时候一听到别人喊他的名字，他就会吓得躲到墙

第五章 无所畏惧的你，才是真正的自己

角。那时候我一度以为小白需要心理医生的辅导。

可是，没想到经过一个暑假，小白的症状不仅减轻不少，而且人也变得开朗起来。原来，小白找到了自己情绪的发泄口，把自己的负面情绪转移了出去。小白的文笔很好，高中毕业后他有了时间做自己喜欢的事情，经常做些小视频解说当下的时尚单品，也经常发布自己喜欢的服饰搭配方式，以及一些自己对时尚搭配见解的软文。他的视频和软文受到了很多网友的欢迎，甚至还有品牌方找到他想要合作。

刚开始，小白也很忐忑、犹豫，可是一想到自己的现状，就果断答应了品牌方的提议。

小白接受了第一个品牌方的赞助，合作视频令他一下子进入了大众视野，越来越多的人来找他合作。看着网上网友们对他作品的喜爱和评价，他突然对自己遭受的一切释怀了。如果没有经历过低沉、失落、伤感、无助、彷徨、绝望……自己可能无法练就一颗无所畏惧的心。所以，无论你正在经历何种苦难，请不要对这个世界失望。

有的时候，随着年龄的增长，我们拥有得越多，想得就越多，可能就会担心越多。

年纪小的时候希望可以快点长大去闯荡、去冒险，可是越大越想念小时候天不怕地不怕的自己。是生活让我们失去了曾经的自己，还是已忘记了自己最初的模样？

　　在一次同学聚会上发生了这样一件事。

　　一个女同学小杜刚从外地辞职回来，原因是那边工作实在太辛苦了，连给父母打电话的时间都没有，每天睁开眼睛就是工作，闭上眼睛梦里想的还是工作，即使生病都不敢请假。一个人在外地苦苦支撑了三年终于撑不下去了。

　　我和小杜平日交集少，不了解她的情况，只听到旁边的同学宽慰她道："撑不下去正好回来休整休整，女孩子早晚要回家的。"

　　小杜听着同学的话，并没有往心里去，一直到有人问她怎么选了这样一个不喜欢的专业。

　　我忽然想起来她好像从小学音乐，弹得一手好钢琴，唱歌也非常好听。在学校时每每需要演出，她就是全班的希望。当我们都以为她会报考音乐学院的时候，她却选择了金融专业，毕业后去了一家保险公司。没日没夜、随叫随到的工作让她再也没有时间接触曾经的最爱——音乐。

　　刚刚同学的疑问显然问到了小杜心里，她把头垂得几乎

第五章 无所畏惧的你，才是真正的自己

贴到了手中的酒杯上，气氛一下变了。就在有人想跳出来打破僵局的时候，小杜肩膀有些颤抖，声音哽咽着说："大概就为了能有今天吧……"

这句话更加让我们无言以对。

接下来的时间，小杜一杯酒接一杯酒的消愁，聚会还没散就已经喝得不省人事，我们只好聚会没散就先送走了喝醉的她。之后听报平安的同学说，她当时是想报考音乐学院的，可高考前她妈妈听人说艺术学校是千军万马过独木桥，加上她表姐连考好几年音乐学院落榜的事，就不让她报艺术学院，而是每天在她耳边劝她选别的专业，可谓是好话坏话说了个遍："你现在18岁，人生最重要的时候必须好好选！不能像你表姐那样考好几年。就算你考上了，以后年纪大了你该怎么办！"原来信心满满的小杜逐渐动摇了，最后因为担心前途而选择了不喜欢的热门专业——金融。

生活的方式有很多种，无论物质条件是好是坏，大多数人的成长道路可能都会按照家长规划的路线走。小时候科学家、医生、飞行员的梦想逐渐被归类到不切实际的行列，即使偶尔被关于梦想的演讲激励，也会被身边人口中的困难所击退，过着所谓的"有前途"的生活。

可是，这样的生活真的是你想要的生活吗？冷静下来，好好想一下，然后用最真实的自己去面对一切。希望你能找回曾经那个不畏艰辛、不惧困难、无所畏惧的自己。

第六章
人生每一步,都是最好的纪念

人生路漫漫,在这条路上有上坡路也有下坡路,
有平坦的路也有弯曲的路,
每一条路都是你必须要经过的。

第六章 人生每一步，都是最好的纪念

有些弯路非走不可

人生路漫漫，每一步都要慎重选择。在这条路上有上坡路也有下坡路，有平坦的路也有弯曲的路，每一条路都是你必须要经过的。即使是弯路，有些也是非走不可。要知道，现在走的弯路是为了以后能更好地走下去。

2003年，丁磊以持有网易公司58.5%的股份，在美国《财富》杂志推出的2003年全球40岁以下40位富豪排行榜中，位居第14位。同时，丁磊还位居"2003年福布斯中国富豪榜"第一名。但是就是这样一个成功的人，他也有不顺、走弯路，在磕磕碰碰中寻找成功的时候。

大学毕业后，丁磊回到家乡，在宁波市电信局工作。尽管电信局待遇不错，但丁磊觉得有一种难尽其才的苦恼。

1995年,他想从电信局辞职,遭到了家人的强烈反对,但他坚持了自己的决定,一心要出去闯一闯。

丁磊选择去广州,在一家刚起步的公司工作,但只干了一年就辞职了。后来,他又应聘到一家公司当总经理技术助理,可是这份工作也没有做多久,他就又辞职了。

后来,凭着多年积累的经验,丁磊创办了网易公司,而且越做越大。2000年6月,网易公司在纳斯达克正式挂牌上市,丁磊的个人财富也大幅提升,而当时的丁磊也不过是而立之年。

走弯路虽然会撞得头破血流,可你终会笑着走出来,成为一个"过来人",积累更多的经验。可是,如果因为走了弯路,以后再也不敢尝试走任何路了,那只会在畏惧中一事无成。

下面这个故事是我在别人那里听到的。

大刚是村里唯一上过大学的人,可是现在他已经将近50岁了,依然一事无成,每天在村里晃晃悠悠,几十年都没有正经工作过,既没有媳妇也没有孩子,一直是自己一个人。

村里人都说在大刚那个时候,上大学的人很少,一般家庭都上不起大学,大刚的父母辛辛苦苦才供他上完大学,想

第六章 人生每一步，都是最好的纪念

着让他以后找个好工作，不再像他们一样每天面朝黄土背朝天。可是大刚的父母万万没有想到，自己辛辛苦苦供着上大学的儿子变成了现在这般模样，甚至还不如村里没有上过学的人。

其实，大刚在大学的时候也是雄心壮志地想成为一个有出息的人。大学毕业后，大刚留在了大城市，下定决心要打拼一番，混出个样子再回去见父母。于是，他选择了自己创业。

刚成立自己的小公司的时候，大刚凭着一腔热血，凭着敢闯敢拼的劲，挣了一小笔钱。他回家时给父母买了很多东西，并且告诉父母等他挣了足够多的钱后，就会把他们都接到城市里去住。父母看到儿子有出息，自然开心。

公司慢慢变得小有规模，大刚便有些冒进，没有经过慎重考虑，就接了一个大单。

接下单子后，大刚投入了大量的资金，还去银行贷了款。可是投入资金后，对方的人就联系不到了，电话也变成了空号，一查，留的地址也是假的，大刚一下就慌了。可是事情已经出了，还能怎么办呢？无奈，他只能关闭公司，抵押还债。

大刚从这时开始一蹶不振。他选择了逃避，不回家见自己的父母，把自己一个人关在屋里，每天浑浑噩噩地过日子，完全像是变了一个人。

多年之后，他还是回到了村里，可是他的父母已经老了很多。他回到家后每天不出门，就在家里待着，别人给他介绍对象他也不见。

大刚就这样走到了人生半百的年岁，依然是一个人生活，依然是一事无成，每天在村里溜达、晒太阳，不挣钱的时候连自己的温饱问题都解决不了。

走了弯路就畏畏缩缩、不敢前进的人，最后的结果肯定是一事无成。人生中难免要走很多的弯路，弯路只是为了让你更好、更快的成长，并不是想把你打趴下。正视自己走的弯路，即使撞得头破血流，也要笑着走下去，因为你所走过的弯路都会在人生不经意的瞬间给予光明与力量。

第六章　人生每一步，都是最好的纪念

认真走过的路，每一步都算数

人生路很长，每一步都需要自己去走，谁也代替不了你。路怎么走也只能由自己决定，一步一个脚印、踏踏实实走的人与只想走捷径的人，最后的结果肯定是不一样的。认真走过的每一步路，都会在你未来的日子里带给你惊喜。

在英格兰东北部的一个小镇上有个叫伊芙琳·格兰妮的小女孩，她从小就喜欢听着音乐跟着节奏敲击乐器。7岁时就开始学习打击乐的她，在音乐上很有天分。不幸的是，8岁那年，她的双耳听力逐渐下降。经过医生诊断，小女孩的听力受损严重，无法恢复，甚至双耳可能会在12岁左右完全失聪。

尽管音乐老师和父母都劝她放弃打击乐的学习，但她坚定地说：“我相信，认真走过的每一步都算数，认真学习过的音乐都是有灵魂的。我最崇拜的音乐家贝多芬，当年也是双耳失聪，可他却用嘴咬着木头感受琴键的跳动，并且创作出了那么多动人的音乐。我相信，我也一样可以坚持学习。"

就这样，为了能够继续学习打击乐，格兰妮尝试用自己其他的感官来感受音乐。她开始只穿着长袜，用身体每一个感官来感受音符的跃动。别人练习几遍就学会的曲子，她要花费十倍甚至二十倍的时间反复感受、琢磨、合拍才能完成。无论屋内气温多么低或者多么闷热难耐，格兰妮都坚持穿着长袜练习打击乐，这也渐渐成了音乐教室一道独特的风景线。

一天，即将高中毕业的格兰妮向老师问道："如何才能申请考取著名的伦敦音乐学院呢？"

老师一脸惊讶地望着她比划道："我知道你很努力，对音乐的态度也极其执着和认真，但是目前还没有一个失聪的学生提出过申请，你这样是不是太冒险了？"

她一本正经地回答："不，我觉得什么也阻挡不了我想要继续深造的愿望。"随即她向伦敦音乐学院提出了入学申请。学院的许多老师都提出了质疑,但是仍有个别老师希望给她一个机会展示自我。于是,格兰妮获得了面试的机会。

格兰妮在面试现场的精彩演奏,征服了在场的所有老师。她顺利通过了入学面试,成为伦敦音乐学院的学生。入学后,她更加努力,把所有课余时间都用在了练习上,为打击乐谱写和改编了许多新的乐章。当时,还没有真正专门为打击乐谱写的乐谱,她也因此在毕业时获得了伦敦音乐学院的最高荣誉奖。

手捧着奖杯,她不禁有些激动地说:"感谢自己每天的努力,感谢所有老师和同学的帮助。有了这些,我才能有今天的成绩。"

如今,格兰妮已经成为世界上首位全职独奏打击乐家。2007年,格兰妮被授予女爵士勋章。她曾两次获得格莱美奖,还获得过英国电影学院奖提名。据了解,全球众多杰出的打击乐独奏新作中,有170部作品由格兰妮担任首席演奏。毫无疑问,她的事迹不断启蒙、引导着下一代人的成长。

太多的事例告诉我们,要走好脚下的每一步路,脚踏实地才能仰望属于自己头顶的星空。任何人的成功都不是偶然的,在你看不见的地方,他们都在努力着。走好每一步路,认真对待每一步路。

我有一个高中同学叫王婷，是个"学霸"。她小小的个子，坐在教室的第一排，不言不语，很少和我们进行交流，但是她的身体里却蕴藏着巨大的能量。

高一的时候，她的成绩并不是很好，英语成绩很差。可是这个女生自尊心很强，她会在别人笑自己的时候脸红，有时还会躲在厕所里哭。

可能是改变了自己的心态，王婷开始早出晚归。我们早上看不到王婷，因为她已经出去了，晚上睡觉也看不到王婷，因为她还没有回来。我们都很好奇她每天在干什么，问她她也不说。

直到有一天，我早起去操场跑步，刚到操场就听到有人在大声朗读英语课文，我很奇怪，就循声找去。

我在操场的一角看到了王婷，她面对着墙，在特别认真地读英语课文。

后来高二开学，老师提问她时，她非常流畅的口语让班上的同学震惊。

高三那年，王婷更加废寝忘食。她总是跑着去吃饭，吃完饭回来就坐在座位上学习。别的同学在打闹时，她一点不受周围人的影响,继续学习。晚上在宿舍她也总是拿着手电筒看书,一直看到很晚才睡觉。

高考结束后,她以优异的成绩考上了理想的大学。三年的努力没有白费,她的成绩都是三年来一步一步、踏踏实实努力的结果,所有的一切都是她应得的。

认真走过的路,每一步都算数。只要你脚踏实地、拼尽全力,生活就不会亏待你。

经历过磨难，才能看得到曙光

人总是要经历一些磨难，才能看得到曙光，迎来生命的新篇章。就像爬山一样，当你用尽全身的力气登上山顶的时候，山顶的美景会让你顿时充满力量。

《中国达人秀》中的男孩刘伟，凭借一曲《梦中的婚礼》让观众都记住了他——一个用双脚书写奇迹的大男孩。

刘伟小学一年级时就表现出了良好的运动天赋。他球踢得很好，理想是成为职业球员，除了上课时间，他几乎都在踢球。可是，这个理想在他10岁的这一年彻底终止了。他在和小伙伴玩耍的时候不小心碰到了高压线，医生告诉他的父母必须要截肢。刘伟的足球梦在这一刻破灭了，但是他并没有放弃自己。

第六章　人生每一步，都是最好的纪念

刘伟用了半年多的时间，学会了用脚刷牙、写字、吃饭，生活和学习基本能够自理了。但是，康复治疗的时间是漫长的，在两年的时间里，刘伟没有再进学校。后来，他用了一个暑假的时间补习，又回到了原来的班级，而且，期末考试他仍然进入全班前三名之列。

12岁那年，刘伟开始学习游泳，并进入了北京市残疾人游泳队。仅仅用了两年时间，他就在全国残疾人游泳锦标赛上获得了两金一银的成绩。可是，高强度的体能消耗导致他身体免疫力的下降，刘伟患上了过敏性紫癜。医生告诉他的母亲，由于高压电对身体细胞造成了严重的伤害，如果继续训练的话，可能以后会患上红斑狼疮，甚至是白血病，所以他必须放弃训练。刘伟不得不再一次放弃了自己的游泳梦。

面对命运的又一次无情打击，刘伟并没有被击垮。放弃了足球和游泳之后，刘伟爱上了弹钢琴，打算不上大学转而学习钢琴。父母起初反对他走音乐这条路，但出于对儿子的爱，最后还是同意了。刘伟最终放弃了上大学的机会，一心一意地坚持学习钢琴。

学习钢琴对于四肢健全的人来说都很困难，何况还是失去双臂的人。可是，刘伟每天用脚弹钢琴，一弹就是7个小

时，从来没有喊过累。在脚趾头一次次被磨破之后，刘伟逐渐摸索出了如何用脚和琴键相处的办法。如同在足球、游泳上的表现，他对音乐的悟性同样惊人。在《中国达人秀》舞台上，一曲《梦中的婚礼》让所有人记住了他。

人从一出生就注定要经受生活的各种磨难、命运的各种考验，只有经受得住命运给你的考验，才能看得见曙光，迎接属于你的胜利。

我的初中老师王老师虽然没有教过我，但他是我最喜欢也最尊敬的老师。

王老师个子不高，留着厚厚的胡子，不熟悉的人第一眼看到他可能会觉得有点害怕，但是接触时间长了，就会被他的魅力所征服。王老师不仅有深厚的文化底蕴，还是一个不拘小节的人。他经常手拿一本书、穿着一件破旧但很干净的衣服、踩着一双布鞋去上课。

王老师出生在农村，深知教育对山区孩子的重要性，因此，他把全部身心都倾注到了自己的教学工作之中。在日常教学中，他积极探索总结，不断完善自己的教学方法，带领着孩子们取得了一个又一个优异的成绩。王老师也因教学成绩优异，在短短的几年时间里不仅得到了领导和同事的一致

第六章 人生每一步，都是最好的纪念

认可，而且赢得了家长和学生的尊敬与爱戴。

突然有一天，王老师晕倒在了讲台上。休息了一阵后，他依然坚持为学生上课，并没有把这件事放在心上。后来，王老师的身体日渐消瘦，去医院检查，结果竟然是慢性肾衰竭。本以为这个结果对于王老师来说是一个噩耗，但是他却选择了继续站在他热爱的讲台上，并没有听从医生的建议住院治疗，而是采取了保守治疗。

王老师总说："经历过沧桑，才能看得见曙光。我现在很好，我相信我会更好。即使在未来不多的日子里，我也要做更多有意义的事情。"

现在，王老师的病情恶化，再也不能教书了，但是王老师说他的心愿完成了，看着自己的学生一个个考上好的学校，他感到非常开心。

好人终究会有好报，医院找到了和王老师匹配的肾源。经过手术和术后康复，王老师如今又站在了他热爱的讲台上。他说："终于又可以一直干自己喜欢的事情了。"

人在经历磨难的时候，要懂得用乐观的心态去面对，这样，才能看到更有希望的生活、更广阔的世界。

人生每一步，都是最好的纪念

孩提时期，要学习一步一步的走路；青少年时期，要努力学习进步；成年以后，要开始承担起责任。人生的每一步都要自己走，但无论是摔倒还是趴下，每一步都是最好的纪念。

安吉尔是世界上唯一一个用假肢表演走钢丝的人。尽管她的每一步都走得异常艰辛，但是她非常乐观，一直不断地挑战自己，一次又一次地突破自己，完成了很多正常人都无法完成的动作。

1987年，安吉尔患病，经过医院的检查，发现她的右脚踝上长了少见的癌细胞，必须接受手术治疗。不幸的是，她的右腿膝盖以下要被截肢。对于一个表演走钢丝的人来说，

第六章 人生每一步，都是最好的纪念

这无疑是很残酷的，没有了一条腿，还如何表演走钢丝呢？但是，安吉尔并没有被吓倒，反而异常平静。考虑过后，她毅然选择了截肢手术，并安上了假肢。

术后康复后，经过反反复复的练习，安吉尔终于可以利用假肢进行走钢丝表演了，这是很多正常人都做不到的。

她说："只要我活着，即使大部分器官被切除了，我还是要让生命发出一点光。"

不畏惧生活的苦难，认认真真走好脚下的每一步路，不要因眼前的一点困难就放弃希望，只要坚持下去，生活就会给你惊喜。反之，就会像西方一首民谣所说："马蹄上少了一枚铁钉，掉了一只马掌；掉了一只马掌，瘸了一匹战马；瘸了一匹战马，伤了一位将军；伤了一位将军，输了一场战斗；输了一场战斗，亡了一个国家。"一步错失，步步错失。

人生没有捷径，做任何事情都应该从正道上来。无论在此过程中你经历了什么，只要懂得真心改过，就什么时候出发都不晚。人生的每一步，即使是走错了，那也是人生的一笔财富，因为它会让你成长，让你在以后的路上，不再犯同样的错误，但如何走下去，关键在于你如何选择。

成功不可能一蹴而就,也不会眷顾谁,只有勇敢迈开步的人才会有机会接近成功。你所走的每一步都是无限接近成功的基础,或许当时看不到胜利,但坚持走到最后,一定会看到成功的曙光。

第七章
你有多努力，就有多幸运

别轻易否定，别轻易放弃
也别弄丢了最珍贵的自己

冬藏，等一季花开

冬天，给人最直观的印象就是寒冷和静谧，尤其是在北方，下过几场大雪之后，整个世界都安静了下来。然而，在雪花包裹之下，隐藏着的是一个个躁动的生命，它们拼命地积蓄力量，拼命地扎根，终迎着最后一阵冬风冒出头来，或开出一朵朵美丽的花，或长成一株株碧绿的草。相对的，那些顶不住寒冷的种子，随着春风，随着土地翻种，留在了无尽的黑暗中。

一年四季有时间限制，到点来，到点走。人生亦有四季，但与自然最大的不同可能就是不按规律出牌，你既不知道自己的生活何时会进入冬季，或是春季，也不知道冬季来临后会持续多久。尽管我们对一切都无法预知，但我们可以在冬季来临之前努力让自己扎根泥土，积蓄力量。

在跟一个外贸公司的合作中，对方的项目经理给我留下了非常深刻的印象。在我们的合作过程中出现了一些不愉快的小插曲，但是这位项目经理在很短的时间内就将问题处理好，并且还能使双方都满意，其办事效率和处事方式都令我佩服不已。在项目结束之后，这位项目经理主动邀请我吃饭，我也爽快地答应了邀请。

到达约定地方之后，他上来就给了我一个拥抱："嗨，老同学，好久不见呀！"

突如其来的拥抱让我有些无所适从，紧跟着的"老同学"更是让我晕头转向。

他看着我一脸茫然的样子，笑着说："你看你这记性，我是你的初中同学张泽。你忘了，上学那会儿咱俩关系还挺好呢。"

经他这么一说，我才想了起来。

"想起来了，张泽。初中那会儿我还是你的英语组长呢，每次都因为没有督促好你背英语单词而被老师批评。"

张泽听了，怪不好意思地说："哎呀，老同学，你可别揭我的短了。我还没说你呢，咱俩一块合作了那么多天，你

第七章　你有多努力，就有多幸运

愣是没认出我来。"

"我这个人，你还不了解啊，记性差，上学那会你不就见识到了嘛。你现在不错呀，英语口语竟然这么好，可以呀你。"

"唉，现在还行吧。你知道我的，上学那时候学英语可真是要了我的命啊，我也想学好，可是我的脑子不允许啊！"张泽摊着手，很是无奈。

"哈哈，那你现在可真是让人刮目相看啊。说说经验吧，让我也学习学习。"

"老同学，你就别打趣我了。我也是因为工作原因才狠下心学英语的。那段时间，我报了一个英语培训班，每天四点就起床，背两个小时的单词，然后才匆匆去公司上班。下班之后又得到学英语的地方上课。最初一个礼拜下来，我就想放弃，每天奔波不说，还感觉没什么效果。可是，我一想到要是放弃了就得重新找一份工作，于是就咬牙坚持了下来。"

听着张泽的话，我心里还是挺佩服他的。

张泽接着说："后来，我就拼了命地学英语，不仅口语有了突破性的进步，还考了商务英语。慢慢地，工作也开始得心应手，在现在的公司干到了现在。功夫真是不负苦心人啊！"

听着张泽的经历，我心中生出了万千感慨。在学习生涯里，我们往往意识不到压力和挑战，直到离开学校、步入社会，才会意识到自己的能力不能胜任想要的工作。于是，就得花费更多的时间、精力来学习。虽然过程辛苦，但静下心来学习，努力充实自己，才能在以后的工作中得到更好的机遇。

就像小草、小花种在泥土里沉寂一个冬天，努力扎根，只是为了那一缕阳光，一季花开。人生也是如此，只有在做好充分准备后，才不会畏惧严冬，才会迎来自己的花季。

你有多努力，就有多幸运

不知道从什么时候开始，我们在评价一个人成功的时候，总会将他的成功同幸运绑在一起，而将真正的原因忽视掉。仅凭幸运就能获得成功，这样的想法未免有些幼稚了。

当我们热衷于羡慕别人的好工作、好日子的时候，心里的第一个想法就是这个人太幸运了，不费什么努力就能获得成功。可是，我们很多时候，也是在消磨时光中磨光了自己的斗志，磨光了那颗本来想要努力的心。

我的一个大学室友，他的成绩说起来不算好，也不算差，对于学习，说不上努力，也说不上颓废。

他每天的生活重心永远围绕在别人身上。我记得有一天早晨，他急匆匆从外面跑回来，对正在睡梦中的我说："你知道嘛，咱们系的那个谁，获得了省级三好学生。"

室友说的这个人我有一点了解，他是学校的团支部书记，为人很友好。记得有一次我回学校的时候，由于带了很多东西，他看见了，二话不说就帮我把东西拿到了宿舍。不仅如此，他在同学中的口碑很好，办事能力强，学校的老师对他也是赞不绝口，所以他这次获得"省级三好学生"称号，我一点也不意外。

所以我回应道："我知道，他很优秀啊！"

听了我这话，我室友生气极了，气愤地说："什么呀，我看他完全是因为运气好。"

我没有接他的话，因为我已经记不清他是多少次将别人的努力当成运气了。反观他自己，除了热衷于这些八卦之外，就是抱怨自己怀才不遇。

随着毕业季的到来，我们同宿舍的几人都相继找到了不错的工作，只有他，在宿舍里等待。每次我们面试回来，他都会细细地查问一番，工资待遇不错的，他就会说"那是因为你们运气好，刚好遇到人家公司招人"；工资待遇不好的，他就会冷嘲热讽一番。

后来，因为工作的原因大家就搬出了宿舍。再次见到他的时候,是在毕业答辩会上,他还是没有找工作,每天仍然在宿舍睡得昏天黑地。

你永远无法叫醒一个装睡的人,正如我这个室友一样,将别人的努力都看成是幸运,而自己却在借口中荒废了自己。

与我这位室友相反的是我们的大学班长。开学之初,他也跟所有的大学生一样,有些迷茫,有些无所适从。可是,他很快调整了自己的状态,尽管他也不知道自己空闲时间能干什么,于是他就索性到图书馆找些书来看。

我是在图书馆找资料的时候看到班长的,我看他选了一大堆的书,出于好奇,便走过去,坐在了他对面。

"班长,你看这么多书啊!"这一大堆书里面包括了程序编程、英语文化、物理等多个学科的书籍。

班长抬起头来,跟我说:"对呀,这些书都很有意思,我觉得以后走上工作岗位后都会用到的。"

"这么多的书,你能看的过来吗?"每天那么多专业课,那么多专业领域的书籍。

"我每天都会到这里来看一会儿书,回到宿舍以后,再实际操作操作。我跟你说,我最近可是学了好多方面的专业知识，你有什么问题都可以来找我。"

"没问题。"

几天之后，我的电脑碰巧真出了一点问题，抱着试一试的态度，我找到了班长。没想到，不到十分钟，他就修好了。

后来，班长因为出众的口语能力，在一家外贸公司做兼职。我这才想起，在学校的小花园里经常会看见班长在那里读着什么东西。

现在想来，班长应该就是在读英语吧。

再后来，当我们忙着找实习工作的时候，班长早就已经从那一堆书里面找到了自己的兴趣所在。本来是不知道自己空闲时间能干什么，所以才到图书馆找书看，没想到却喜欢上了编程，并且班长通过自己的努力使编程能力得到了很大的提升。实习的时候，班长找了一家编程公司，并且在实习后顺利留了下来。

跟班长一个宿舍的室友跟我们说："班长能有今天，绝不是靠运气。你们不知道吧，班长每天晚上回宿舍以后，研究的都是编程。有时候为了写一个代码可以一晚上都不睡觉呢！"

原来,那些我们以为的幸运背后都是努力的结果。我以为班长恰好是在图书馆看书,可事实是他每天都在图书馆看书;我以为那天清晨班长是恰好在小花园读单词,实际上他每天都在小花园读单词……所有我看到的,都不过是冰山一角。

一个人越是努力,就越会幸运。尽管这一过程会漫长些,但依然应该坚持下去。

不必因为一次失败就否定自己

"我觉得我这个人,真的是一点价值都没有。"这是我今年第八次听到她说这句话了。她就是我的表姐。

对于很多人来说,北京这个城市充满了机遇和诱惑,他们梦想着在这个城市里扎根,实现自己的抱负。可事实上,大部分人都在艰难地生存,赶着早高峰挤地铁、随时随地准备掏出电脑改方案好像是每个身处北京的青年的常态,他们拼命在这座城市打拼,可还是过成了月光族。

我这位表姐跟所有的北漂青年一样,有着壮志凌云的梦想,发誓要在北京闯出一片天地来。可是,生活把她打击得遍体鳞伤。

专业不对口的工作,又没有辞职的勇气;想去努力提高自己却败在了没有存款；一次次想要改变现状，最后也都不了了之。每隔一段时间，她就会向我倾诉，然后就是铺天盖地的负面情绪。

我还记得她第一次否定自己的时候，我很惊讶。因为那时她放弃了家乡一个很好的岗位，去了北京。结果，她没干多久就生出了一堆不良情绪，比如自己不适合干这个，工作太烦琐了，等等。

我只好劝她："凡事都有一个过程，要慢慢来。你要做的不是否定自己，而是提高自己，让自己从当前的工作困境中脱离。"

她听了我的话，情绪稍微好了一些，也觉得不应该把时间都浪费在抱怨上。

可是没过几天，她又来找我倾诉了，这次是她自己犯了错误。

于是，我又跟她说："你现在根本就是一个自我放弃的状态。当初那个说要去北京的你去哪儿了？犯错重要吗？每个人都会犯错误，可犯了错努力弥补，认识到自己的错，吸取经验教训就行，不能一味地陷入自我否定中。你这样做，除了让自己失去斗志、失去信心，还能怎么样！"

"你以为我想这样呀，北京的压力有多大你知道吗？北京的竞争有多激烈你知道吗……"像是把这么多年积攒的情绪都爆发出来了一样，她激动地说着自己心里的话。

听着她说的那些话，我心里很不是滋味。我们面对他人的失败，总是会说教，可是当自己真正去面对失败的时候，就没有那么容易了。

"不要因为一次失败就否定自己"，这是我的一位初中同学对我说的话。她学习很好，从小到大就是我们班里的第一名，老师眼中的好学生。相较于她，我就不一样了，我的学习成绩特别不稳定，尤其是数学，完全靠缘分。

初中时，数学老师为了了解我们的学习情况，就组织了一次摸底考试，决定以考试成绩给我们安排学习小组。没想到，成绩出来以后连我都吓了一跳。就这样，我成了小组长，这可让我感觉到压力。

日子一天天过去了，对老师教学方法的不适应，新的课程安排的不适应，让我在月考中出了糗。成绩出来以后，我的数学成绩居然是小组里的最后一名，我一下就认为选我当小组长一定是老师错误的决定，成绩这么差，当什么组长嘛。

由于我一直处于情绪低落的状态，以致在数学课上老师叫我回答问题都没听见。她观察到了我的变化，下了课就过来找我。我记得她当时就给我说了一句话，就是那句"不要因为一次失败就否定自己。"

正是由于她的这句话，从那以后，每当遇到挫折和失败的时候，我都会重新收拾起自己的心情，坚持下去。

平坦的道路是不存在的，失败和挫折反而是常事。也许你会碰壁、你会跌倒，也会有不清楚自己方向的时候，会自我怀疑，但这些都不重要。只要你别轻易向失败妥协，别轻易否定自己，就一定会有所得。

前进中，别弄丢了最珍贵的自己

随着年龄的增长，人在职场和生活的打击下，会渐渐丢失一些东西。最初的无畏无惧变成了瞻前顾后，最初的坚定执着变成了犹豫不决，最初的脚踏实地变成了随波逐流。你还记得曾经的你是什么样子吗？

世界纷繁不定，在努力前进的路途中，希望你别弄丢了最珍贵的自己，别轻易放弃，也别轻易妥协。

我有个朋友，说起话来直接，大家都笑称他为"老耿"。在工作中，他只要发现大家有什么做得不对的地方，无论你是领导还是新入职员工，都会直接点出失误的地方和解决办法。

原以为这样的一个人会招致大家的反感，事实恰恰相反，大家都喜欢他的真性情，领导也都包容他的"直言不讳"。或许一般人提出不同意见，领导会觉得有些不满，但只要是他提出来，领导还会有所重视。当然，他能够这样，也是因为他的能力出众，经常给自己"充电"来提升自己。

有一次我俩一起吃饭，我好奇地问："你这个人这么耿直，就不怕得罪人，就不怕大家都不喜欢你吗？"

他爽朗地笑着说："我又不是大熊猫，还能指望人见人爱啊。"接着，他又笑着说道，"你们看到只要我提出的意见，领导都会有所重视。但是，你们知道我私下里用了多长时间来反复研究方案吗？我又查找了多少资料吗？你们周末看电影、逛街的时候，我在图书馆或是提升班学习，我没有你们想的那么厉害，我只是比你们努力些罢了。再说，只要把工作做好，在前进中不要丢失最珍贵的自己，对得起自己的良心就无愧了。至于他人的看法，又何必太在乎呢。"

听了他的话，我一时陷入沉思。的确，只有自己一如既往的努力、坚持，才能让自己越来越好，走得越来越远。

与老耿相似的还有一个我以前的同事，大家都喊他"老赵"。

老赵孤身一人在异乡，没有亲人的照顾，朋友也不多。

可是，他做的策划案令我们都羡慕不已。而且，他每天都加班到深夜，我们从来没有见他抱怨过什么。

后来有一天，我忍不住问他："你一人吃饱全家不饿，至于每天都这样加班吗？公司又没有要求你加班啊，你何必呢？"

他看着我，沉思了一会儿说道："就是因为我一人吃饱全家不饿，所以一下班我就有很多时间。可这些时间总不能用来睡大觉、打游戏吧。再说，下班后加班不仅可以把今天没做完的事做完，还可以提前把明天的事列出计划，这也有利于更高效的工作呀。"

听了他的话，我又问道："那也没有必要周末也不休息呀？"

"我周末还是休息了的。只不过，我休息的地方是图书馆。你不觉得在图书馆看对自己有帮助的书，是一件很开心的事嘛。不仅能够充实自己，还能提高自己的知识面，一举两得啊。下次一起吧？"

看着老赵的神情，我突然明白了他为何能交出一次比一次精彩的策划案，为何从来不抱怨，为何能每天都那样开心。

说到底,老耿与老赵是同一类人,他们都把别人玩乐的时间,用来努力提升自己的能力。更可贵的是,在前进的路上,无论遇到质疑还是不理解,他们都没有弄丢最珍贵的自己,而是一如既往地前进。

第八章
奋斗吧！骄傲的我们

有句话叫"人生难得几回搏"，
拼它一次没白活。
当你在人生路上累了、烦了时，就想想这句话吧。

第八章 奋斗吧！骄傲的我们

未来，掌握在自己手上

人无法选择自己的出身，却可以自己掌握未来和命运。

出身贫寒之家的苏秦，早年间拜师于鬼谷子门下，学习纵横之术。后苏秦学成游历多年，始终没有得到重用。空有一腔抱负而没有用武之地，无奈之下他只好暂时回到家乡。

看着熟悉的老房子，他眼角不禁湿润起来，轻轻地叩响了大门。闻声赶来的妻子，瞧见他一副落魄的样子，翻了一个白眼，冷言冷语地说："整日不务正业，求学多年还不曾寻得明主，你还有脸回家？"苏秦顿时脸一阵红一阵白，羞得抬不起头来，只好一言不发，转向了厨房，打算盛碗热汤暖和一下身子。

谁知妻子见此，直接伸出双手："拿钱来，想吃多少都行。没钱,休想白吃白喝。"苏秦无奈地摸遍了全身每一处衣角,怯怯地说:"我一心只想着赶紧回乡,身上的盘缠用尽了。如今,已经两天没有进食了,就让我先喝碗热汤吧。"妻子没有理会苏秦,轻蔑地朝他吐了一口口水,转身骂骂咧咧地回屋了。

在家中受到百般凌辱的苏秦,下定决心要干出一番事业来。于是,他发奋读书,不分白天黑夜地学习兵法。累了、乏了,他就用锥子刺自己的大腿,这样他就能继续读书了。

后来,苏秦辗转到了秦国,由于秦惠王厌恶卖弄嘴皮子之人,所以他没有受到接见。于是,他又到了燕国,可直到一年后,他才见到燕文侯。苏秦先向燕文侯陈述了燕国与赵国在地理上的优势,又提出了燕国自身的问题,并且,建议燕国与赵国联合起来,形成一体。燕文侯觉得苏秦的建议很有道理,于是,就让苏秦去说服赵国。

就这样,苏秦不仅成功说服赵国,而且也说服了各国君主,使之达成联合协议并签署合约,约定六国共同抗秦,使得秦国与六国之间有了15年的和平。

从此,苏秦受六国君主尊敬,担任六国宰相,佩戴六国相印。他衣锦还乡之时,妻子、家人都匍匐在地,不敢

第八章 奋斗吧！骄傲的我们

仰视。

实际上，苏秦之所以能够挂六国相印，得六国国君的敬仰，获得封赏，靠的就是自己的不懈努力和奋斗。

生活中，很多人都会感叹时运不济，或是毕业没工作，或是找不到知音佳伴，或是怀才不遇。但是未来会怎么样谁都无法预测，我们能做的就是不怨天尤人，自我反省，勤于思考，走好人生每一步。

与其心怀抱怨或者愤世嫉俗，倒不如勇敢起来，努力做好自己，把命运掌握在自己手里，踏踏实实向前走。

二宁是我在这个城市最早的一个合租室友。我第一次见到他时，就觉得他有些腼腆。当时我很好奇为什么毕业了他还不出去找工作，也纳闷他哪里来的钱养活自己。后来我们熟络了，我才知道，他不是不愿意找工作，而是害怕找不到适合自己的工作，并且他还不愿意和陌生人打交道。所以，他的生活来源就是"省吃俭用"或者家人周济，或者找朋友借钱。我当时就劝他："刚毕业没经验很正常，但找工作不能总挑三拣四，更不能害怕。你没去尝试怎么会知道你找到的工作不适合你呢？再说，都已经毕业了，不能再靠家里了，你先找份工作干着呗！"可是，每每听完我的话，他都是默默走开，一句话也不说。后来，我也就不好意思再多说什么。

周末晚上，我们一起吃饭时，他闷闷不乐的。于是，我问他："怎么了你？一点精神也没有？又出现财政危机了？"

他挠了挠头说："屋漏偏逢连夜雨，本来就发愁下月房租怎么办，结果大学同学打来电话，说下月要结婚，还有一个同乡说下月要给孩子办满月酒。这下，我得准备两份大红包啊，下月我可怎么活啊？"

"多简单啊，去找份工作就好了。起码能解燃眉之急啊。"

于是，在我的劝说下他找了一份销售员的工作。可是对于不善言辞的他来说，推销产品就是一场巨大的灾难。尽管他每日早出晚归，业绩都不能达标，一个月下来只能拿到基本工资，干了两个月就被老板炒了鱿鱼。他又开始了辞职在家的生活。

后来，我看他整天待在家，也不出去重新找工作，就忍不住说了他几句："你照照镜子看看自己都成什么样子了，邋里邋遢不说，一个大男人成天闲在家里，是个事吗？你难

第八章 奋斗吧！骄傲的我们

道就不能出去找份工作吗？"

他还是像以前一样，默默地走开了。

没有多久，因为工作调动的原因，我搬离了住处，也就与他失去了联系。

再后来，有次我路过曾经住过的小区，碰到房东，这才知道，原来他也找过几份工作，但都干不了多久，就会辞职，所以就干脆回了老家。

一年后的一天，我去医院看病碰到了他。他整个人看起来成熟稳重多了，他告诉我说，回老家后，家里出了一些变故，自己经历了一些事也知道了自己的责任。他说，他要活出个样子来，不再活在抱怨里，要把命运掌握在自己手里。

生活本就无坦途，谁都没资格抱怨，未来虽不可预测，但能自己掌握主导权。命运不会一成不变的，只要你有信心，勇敢迈出第一步，就能改变命运。

不遗余力追求梦想

有人说,如今的时代太过残酷,竞争充斥在日常生活的每时每刻;也有人说,现在的年轻人压力太大了。在这个时代,能不能获得成功,关键还在于你是不是愿意不遗余力地追求梦想。

电影《中国合伙人》中成东青曾经说过一句话:"梦想是让你一直坚持,并觉得特别幸福的事儿。我觉得梦想是将来回忆时让你热泪盈眶的事儿。"据说,这部电影的主人公原型就是新东方的俞敏洪、徐小平和王强。

我记得自己读过俞敏洪的一本演讲集《挺立在孤独、失败与屈辱的废墟上》,读完之后倍感振奋。

俞敏洪,创立了中国最早的教育培训机构,也是福布斯

第八章 奋斗吧！骄傲的我们

全球富豪排行榜中的榜中人，更是21世纪中国社会最具影响力的10位人物之一。虽然这些现在看起来很令人羡慕，但他也有许多心酸的经历，更是为了心中的梦想拼尽了全力。

出生在江阴普通家庭的俞敏洪，小时候学习成绩很糟糕。

可是，他始终给自己定了个远大的目标——考上北京大学。

在连续经历了三次高考后，俞敏洪终于考进了梦想中的北京大学。然而，人才济济的北大，遍地都是学霸、精英，谁都不比谁差。后来，他更是因为身体原因休学一年。

毕业后，俞敏洪选择了留校任教。身边的同学、同事都忙着出国，他则一心一意地教书。因为当时他并没有出国留学这样的梦想。

后来，为了以后的发展，他开始计划出国留学。于是，从1988年开始，他考完了托福，又通过了美国研究生入学考试，终于有资格申请美国大学了。但严苛的考官们对他根本不正眼瞧一下，甚至连一些一般水平的大学都对他不屑一顾。

后来，由于去美国留学的环境变化，俞敏洪开始同王强等同学在校外办培训班赚取课时费。可是不久之后被学校发现，并给了他处分。于是俞敏洪干脆选择了辞职，随即他的住房也被收回。他带着爱人租了一处房子，自己也到一些培训学校去打工。

后来，俞敏洪觉得一直打工不是个事，于是就自立门户，创办了北京新东方学校。看着来学校报名的孩子越来越多，俞敏洪已经不再考虑去美国留学的事了，他一下子明白了什么是自己应该为之努力的梦想。

如今，坐落在中关村西区的新东方大厦承载了很多人的梦想，而俞敏洪也没有放弃过自己的梦想，没有停下过脚步。

面对生活每个人都有过不如意的时候，但是想要改变不如意，改变命运，最好的力量就是别停下朝梦想前进的脚步。

小时候我的表达能力和文笔并不好，上作文课的时候，一节课下来也写不出几个字。我总是很羡慕我的同桌，因为只要老师给定了题目，他就能下笔如有神，快速地完成。

我同桌虽然不善言谈，但是他给我看过他的日记和小说，里面天马行空地写了很多小故事。尽管现在想来都是些流水账，但他当时简直是我的"偶像"。

有次课间休息，我问他："你是怎么做到快速写完作文的？而且，还写得那么自如？"他有些神秘地从抽屉里拿出几本书。

"《读者》《青年文摘》《三毛文集》，这就是你平时看的书啊。这里面有讲怎么写作吗？我也想学学。"

他笑了笑，说："才不是呢。我就是喜欢看，感觉里面的文字有魔力。或许读得多了，写得自然就轻松了吧。"

"我觉得你以后肯定能当个作家。"我有些开玩笑地说。

"对啊，当个作家就是我的梦想。"

慢慢地，他的创作欲越来越强，他的小说还在全年级被疯狂地传看。在同学眼中他是"才子"，但是在老师眼中，他的文章却不入流，为此，老师还找过他的父母。

"马上中考了，还成天写什么小说。要是上不了好的高中，还怎么考大学？考不上大学，以后怎么找到好工作？""一个学生的主要任务就是学习，写小说是你学生做的事吗？不要一天到晚幻想，老老实实地学习不好吗？"妈妈和老师每天的唠叨声，让他有些茫然了。

后来再见到他时，他已经研究生毕业好几年了。

"你的作家梦实现了吗？"

他眼神中闪过了一丝忧伤，说道："什么作家，或许真的是个梦吧。上高中后，我就放弃了作家梦，听从父母和老师的话，专心做个好学生。后来，我顺利考上了大学，还考上了研究生。可是，在职场打拼了几年，感觉自己有些格格不入。这期间，我也没有再动过笔。当初的作家梦，也只能是一个梦了。现在，走一步看一步吧。"

"其实，生活还是需要梦想的，有梦想才会有希望，才会有坚持下去的勇气。你真的应该找回自己的梦想。想实现梦想，什么时候都不会晚的，别灰心。"我鼓励他道。

他怔怔地看了我一眼，若有所思地点了点头。

如果你心中有梦想，那么就把它坚持下来。任何人做自己喜欢的事都不会感觉累，即使面对困难，也要勇敢坚守这份热情和动力。要相信，不遗余力地追求梦想，就一定会有实现的那一天。

第八章 奋斗吧！骄傲的我们

哪有什么天生不足，只是不愿意努力的借口

很多时候我们都喜欢给自己找借口，攒不下存款，怪工资低、物价高；保持不了苗条的身材，怪父母总做美食诱惑；找不到好工作，怪家里没背景，竞争的人太多……似乎只要是完不成的事情，我们总能找到借口。实际上，这个世界上外界因素对我们的影响并不多，更没有那么多的先天不足，只是我们下不了决心，不愿意付出努力争取罢了。

一位墨西哥小姑娘16岁时就在家人的安排下完成了婚姻大事，婚后她生了两个女儿。可是琐碎的生活让她丈夫感到厌倦，于是她丈夫选择了离家出走。当所有人都同情、安慰她时，她却说道："相信我，我可以让孩子们过上体面、幸福的生活。"

没有任何工作经验的她，当了一名洗衣店店员，尽管每天只能赚到1美元，但是她始终坚信自己可以做得更好。后来，她揣着攒了好几个月才攒够的7美元，带着孩子们来到了美国。为了养活孩子们，只要能挣到钱，她什么工作都做，洗碗工、服务员、保姆等，她都做过。

当她攒到600美元时，她买下了一台蛋糕机，并租下了一家小店面。

由于生意火爆，她先后开了几家分店，并且越做越成功。

没过多久，她就成了当地最大的甜点经销商，拥有几百名员工。

随着生活水平的提高，她把注意力转移到提高墨西哥人社会地位上。那个年代，墨西哥人在美国的地位不高，所以没有属于他们自己的服务设施，比如银行。鉴于此，她提出："我们墨西哥人居住的社区，为什么不能提供自己的银行服务呢？我们需要属于自己的银行。"可是，她的想法被一些银行方面的专业人士讥笑说："这不具备成功的可能性。"

但是，她却淡淡地说："我可以的，而且一定能办成。"于是,她在一个小拖车里办起了自己的银行,开始逐个社区兜售自己的股票。

后来,她不仅成功了,而且有了自己的银行,并且当选了美国第三十四任财政部长。

所以说,世上哪有什么先天不足或者不可能做到的事,只不过是人们不愿意付出努力罢了。

很多人总在找寻自己和成功人士之间的差距,其实成功的人之所以能够成功,就是因为他们做任何事都不给自己找借口,更不会为失败找理由,只是努力付出,踏踏实实走好每一步。

我的远房叔父是家中最小的孩子,也最受家人宠爱,可家人为了锻炼他,让他去农村插队。

叔父从农村插队回来后被安排到离家很远的车辆厂工作,虽然工资比较丰厚,但是每天都很忙。做了一段时间后,叔父就熬不住了。于是,叔父自作主张辞了职。

这一辞职,叔父就闲在了家里。家人和亲朋好友每每问起他辞职的原因时,他都会说:"估计是领导不喜欢我,总让我加班,所以就辞了。"

做了几年无业游民之后,叔父开始学别人倒腾古玩。他每次来我家串门时，手里都会拿着一个"稀罕玩意儿"，还老冲我们显摆。

当时，我爸劝过叔父："别老做些没用的，这么大人了，干点正经事。我就问你，这玩意儿放到市场上一百块钱有人要吗？"叔父见父亲有些着急，便急忙解释说："有人买我还不卖呢。现在世道不好，等这些宝贝值钱了，你们就信了。"然后，叔父就大摇大摆地走了。

后来，叔父好不容易结了婚，有了自己的小孩。可他还是老样子，什么事都不愿意做。婶婶见他不思进取，就选择了离婚。

离婚后，叔父自己带着儿子生活，每每有人劝他再找一个伴或是找个靠谱点的工作时，他都推三阻四："等孩子大一点再说吧""等工作稳定再说吧"……

随着孩子渐渐长大，叔父也找了几份工作，可是每份工作都超不过三个月就换。每次问他换工作的理由，他总是振振有词："这活太累了""工作环境不好，时间久了对身体不好""人事关系太复杂，我这没心没肺的怎么可能待得长久"。

叔父的无所事事让他的老父亲很着急："你怎么就不明

第八章 奋斗吧！骄傲的我们

白，不知道反思呢？你自己做不好事情，反倒说都是别人的错。遇事总是找借口推脱，你还能干什么事。现在，你什么都没有，说到底，就是因为你不努力，赖不着别人。"

其实，每个人心中都应该有一幅属于自己的蓝图，这样才会为了实现它而去努力奋斗。

别再给自己找借口，别再抱怨出身，别再幻想着天上掉馅饼。人生没有什么天生不足，只要肯努力，肯下功夫，你的人生就会精彩。

这一生，总要拼过才算不白活

生命只有一次，要想这辈子不白活，就得拼尽全力奋斗，拼出个美好的未来，人生也才会更有价值和意义。

一个10岁的男孩在放学后和同伴玩耍，爬上了路边的一棵树，结果不小心从树上掉了下来，晕了过去，吓得一起玩耍的同伴哭了起来。大人听到孩子的哭声，急忙赶来，背起孩子就往孩子家里跑。回到家里不久，孩子就醒了。孩子父母见孩子醒了，以为休息几天就好了，但是孩子却一直只有上半身能动，下半身完全没有知觉。

父母这才意识到事情的严重性，立刻租了辆车把孩子送到了市医院。

经过一系列的检查，医生叹了口气说："你们也太无知了,孩子摔得这么严重,应该立刻送来医院啊!当时可能救人的方法不对,他的脊髓神经受损了。而且,你们错过了最佳救治时间。现在孩子腰椎断了,接都没法接,下半身已经瘫了,这辈子都站不起来了。"

听完医生的话,父母顿时瘫倒在地,失声痛哭起来。

本以为孩子就此毁了,没想到在父母的精心照顾下,孩子不仅开朗乐观,而且自己摸索学会了修钟表。

事情是这样的。

一次父亲赶着马车带着孩子去赶集,路过一个钟表店时,孩子非要下来看看。听着嘀嘀嗒嗒的钟表声,看着修表师傅专注地调试和修理,孩子一下着迷了。从此,每周随父亲去赶集孩子都会在修表的地方停下看一会儿。

有一天,家里多年的老钟表突然又开始嘀嗒走动了,父亲惊喜地说:"谁拿去修了吗?"

孩子骄傲地说:"不是,是我自己修的。"对于孩子能够自己修钟表,父亲既惊喜又高兴,逢人就夸自己儿子会修表。

渐渐地,村子里谁家有表坏了,都会来找孩子修。后来,孩子修表的手艺越来越好,十里八村的人都来找他修表。于是,父母就给孩子开了一个小的修表店。

可是，随着大家生活水平的提高，戴机械表的人越来越少了，家中放置的挂钟也逐渐少了，有的人即使表坏了，也会直接换新的。于是，孩子又开始琢磨新的营生。他发现城里人喜欢手工雕刻的工艺品，于是就用这几年节省下来的积蓄拜师学习雕刻。

雕刻这门手艺看着简单，可学起来却门道很深，选材、力度、工具等，每一样都得恰到好处，不然就无法雕刻出精美的物品，甚至还会割伤手指。

经过长时间的练习，他的技术越来越娴熟，师傅让他出师，但他觉得自己还不够好，就又学习了一段时间。

后来，他离开师傅，自己接活雕刻。只要是他雕刻出的物品，没有人不夸赞的。他指尖留下的伤痕和老茧就是技术精湛的证明。

如今，他已开始带徒弟，但依然坚持每天练习。他经常对徒弟说一句话："做人就得有股子劲，无论命运给了我们多大的麻烦，都得顽强地拼一把，试一试，这样才不算白活一场。"

的确，人活一世，只有拼过，经历过别人没有经历的事情，见过别人没见过的世面，才会成长、成熟，到达别人到

第八章 奋斗吧！骄傲的我们

达不了的高度，才算不白活一回。

当然，也许有人并不这么认为，因为他们已习惯了过安逸的生活，习惯了萎靡不振，习惯了认为自己不行，习惯了依靠别人过上想要的舒适生活。但是这样下去，却往往事与愿违。

我远房表妹婷婷，是个典型的"小懒虫"。作为家中的独生女，除了饭来张口衣来伸手外，她从小还被父母灌输了"学得好不如嫁得好，干得好不如嫁得好"的观念，认为找个有钱的老公嫁了，人生就完美了，也就成功了。所以，她的大学生活就在整天专注于保养皮肤、打扮自己和男友约会中过去了，甚至临近毕业，她的同学、朋友都在忙着准备毕业论文和实习就业时，她还在忙着打扮自己，和男友约会。

结果，她不仅论文答辩没有通过，英语四级也没有通过，而且还有几门课程不及格，只拿到了大学毕业证。

没想到的是，一毕业，婷婷就和男友火速完婚，成功嫁入了"豪门"。同学们参加她的婚礼时，她傲慢地说："就说吧，人生哪有什么拼搏，不过是懂得做出选择罢了。瞧你们之前每天拼命学习，现在毕业了又拼命找工作。说实在的，你们这么拼还不如我过得滋润。"

婚后的她渐渐不与同学、朋友联系，每天不是逛街，就是待在家里睡觉，心情不好就出国度假，没事就在朋友圈晒照片，显摆一下老公给她买的礼物。

可是没过多久，我发现她不再发朋友圈了，微博、微信也很长时间都没有更新过。我好奇地问她，她有些哀怨地说："我离婚了。"

我吃惊地追问："啊？为什么？"

她发来语音不满地说："我没工作，人家说我好吃懒做。而且他每天忙，也不陪我。时间越久，他就越瞧不上我。"

"那你现在干嘛呢？"

"我？我一个什么都不会的人，还能干吗？与其碰一鼻子灰，还不如好好在家保养，没准以后还能再找个好男人呢。"

我有些直接地说："这么说可不对啊！再怎么说你也是大学毕业，你不拼搏，不尝试怎么知道自己找不到工作？只要你肯去尝试，工作总会有的。就算一开始工作不上手，时间一长，总会知道怎么做的。如果你老是这样等着天上掉馅饼，那你算是白活了。"

谁都渴望过得舒适，但是人活一世，只等着享受，不想拼搏，这样的人生是颓废的，也是没有意义的。有句话叫"人生难得几回搏"，所以拼它一次，就算是没白活。

奋斗吧！骄傲的我们

很多人在年轻时感到彷徨，不知道怎么样才算成功。实际上，所谓成功不过是不断奋斗，不断失败，不断再奋斗，不断再努力，最后所取得的一种结果而已。

相信很多人都听过周杰伦的歌。虽然有人调侃说他的歌听不清歌词，但这并无碍于他在歌坛的地位。你知道吗，他的音乐之路也是拼搏出来的。

3岁时，母亲发现了他的音乐天赋，拿出了家中所有积蓄买了一架钢琴。于是，他从小就开始学习钢琴，没有了玩耍时间。每每在窗前听见别的小孩嬉闹玩耍的声音，周杰伦就会分心，但在母亲的严格要求下，他还是专心练完每一首曲子。

周杰伦弹得一手好琴，还喜欢天马行空地作曲、作词，但他的学习成绩却不理想。高中毕业后，他就在一家餐厅当起了服务生。

尽管服务生的工资不高，但他还是在业余时间继续着自己的音乐梦想。

在一次参加娱乐节目时，周杰伦获得了从事音乐工作的机会。本以为自己距离音乐梦想越来越近，可现实却很残酷。所谓音乐助理，不过是打杂，每天帮同事们买盒饭。可即使这样，他还是做得挺开心，因为他每天都能感受到音乐带给他的快乐。

后来，他写了很多歌，但都不被人认可。他并没有气馁，依然坚持创作。

2000年，经过长时间的坚持创作后，周杰伦终于迎来了自己的机会。在杨峻荣的推荐下，周杰伦开始演唱自己创作的歌曲，并于当年11月发行了自己的首张专辑——《Jay》。

该专辑融合了R&B、hip-hop等多种音乐风格，一上市便大卖。周杰伦也因此在华语乐坛受到关注。

后来，周杰伦不仅发行了许多专辑，而且成了华语乐坛代表性的人物。这一切，都源自他的坚持和奋斗！

第八章　奋斗吧！骄傲的我们

人的一生不可能是一成不变的，年轻时就该为了梦想而奋斗，为了梦想而坚持。但是，"奋斗过"和"奋斗吧"，却是两种截然不同的状态。意气风发只是一时，只有持续地奋斗，才能赢得未来和胜利。

小汪在大学时和我住在一个寝室，他出生于一个农村家庭，从小就是家里的希望。

当大学录取通知书寄到家里的那一刻，他母亲又喜又悲，喜的是儿子终于不负众望考上了大学，悲的是家里没有多余的钱供他上大学。

无奈之下，母亲为了凑学费到处借钱，终于凑足了第一年的学费和生活费。小汪临走时，母亲反复叮嘱道："到了学校别乱花钱，省着点用，要好好学习。"他对母亲点了点头，便上了火车。

小汪学的是计算机专业，在学习计算机编程的过程中，他疯狂地迷上了各种程序设计。没课的时候，他整天泡在图书馆看跟程序设计有关的书。不仅如此，他还和老师一起设计制作了一款新的机器人。业余时间他除了看书、编程，就是兼职。

后来，老师推荐他参加了学校组织的机器人大赛。经过一个多月的研究和设计后,他设计制作的机器人获得了二等奖。为了鼓励他,学校还给他发了5000元的奖金。

可是,小汪并没有因此松懈下来。

他又恢复了以前泡图书馆的习惯,而且还利用业余时间为一些公司开发小程序。这样不仅赚取了生活费和学费,渐渐地也让他在学校小有名气。

毕业后,他成功地进入一家大型互联网公司,成为一名计算机工程师。

没有多久,他就因为突出的工作能力和一丝不苟的工作态度,获得了同事和上司的一致认可,并被任命为主管。如今,他已经是公司的高层管理人员,但是他还是保留着以前的习惯,每天坚持学习和读书。他常说:"梦想需要不停地努力、奋斗,才会有机会实现。"

的确,只有通过不断提升自己,努力奋斗,才会成为让我们自己骄傲的人。

第九章
拼一把,做自己人生的"伯乐"

成功的人不是有多幸运,而是敢对自己"下狠手",
在别人都选择放手的时候,
选择坚持到底。

第九章　拼一把，做自己人生的"伯乐"

对自己狠一点，就是不轻言放弃

人生就是一个不断蜕变的过程，我们就在一次次的摸索和尝试中不断成长。而在尝试的过程中，有的人一遇到困难，就立马后退；有的人则认准一个方向，扛住他人的否定和质疑，咬紧牙关坚持到最后一刻。

其实，失败也是人生中的一种色彩，但有的人会被失败吓倒，不敢重来；有的人会选择在哪儿跌倒，就在哪里爬起来——虽是一念之差，却是两个完全相反的方向。

李尧和我同校同班，每天放学和上学也同路，所以我们经常在一起玩闹。我们两人的成绩在班里不上不下，但我们丝毫没有在意。直到一个转校生的出现，我们才认识到了自身的不足。

老师带着转校生进教室的时候，我正好抬头，看见一个面容清秀的男生站在教室门口。简单介绍完自己后，转校生就坐到了自己的座位上不再说话，给人的感觉是很不容易亲近。这样一个男生，很快就被同学们抛到脑后了。

在后来的期中考试中，这个男生考了第一名，这不仅震惊了其他同学，也让我和李尧认识到了什么叫人不可貌相。

从那之后，我们开始和转校生接触，时间一长，竟也激发出我们对于学习的热情。

起初，李尧天真的以为只要好好听课学习成绩就会变好，可半个学期下来，成绩依然没有大的提高，不免有些丧气。我本来以为李尧会就此打退堂鼓，没想到他主动找转校生借笔记，请教问题，整天不是看书，就是做练习题。不仅如此，放寒假的时候，为了提高成绩，李尧给自己制订了一份计划表，晚上11点准时休息，早上5点准时起床学习。受李尧的影响，我也开始对学习有了空前的热情。

经过整个寒假的学习，开学后我们的成绩有了明显的进步，老师讲的东西都能听懂了，练习题也都会做了……但我们没有放松，依然坚持努力学习。用李尧的话来说，就是自己得对自己狠一点，不能轻言放弃。

第九章 拼一把，做自己人生的"伯乐"

有付出就会有收获的，期末考试我和李尧的成绩都进了班级前十名。看着成绩单，我很想当面感谢那个转校生，可惜他因成绩优异提前去了军校。

虽然有点遗憾，但我和李尧仍然感谢他，要不是他，我们可能不会懂得人生只要对自己狠一点，就会有不一样的天地。

人生如逆水行舟，不进则退。在一个舒适圈待久了，梦想到最后只会剩下梦。

很多人假装自己很努力，在要放弃某些东西的时候，找一个冠冕堂皇的理由后退。可是，不管是放弃还是继续坚持，都是自己的选择，而你的选择决定了你人生的不同方向。

有一次我坐火车的时候遇见了一个挺有趣的大叔，他很健谈，三言两语我们就熟络了起来。大叔说自己年轻的时候太娇气了，如果当时对自己狠一点，现在也是有车有房了。我觉得好奇，就央求大叔讲了讲他的故事。

我们暂且称这位大叔为赵叔吧。赵叔说自己18岁辍学打工，第一份工作是在广州的一家工厂做护肤品。那时候的赵叔工作努力，人也很踏实，很快就受到了老板的赏识。渐渐地,赵叔从一个小职员变成了老板身边的得力助手,身边的人也都开始奉承赵叔,说赵叔如何了得。赵叔说那时候年少轻狂,对那些奉承的话信以为真,以为自己真的是一个很能干的人,于是就有点飘飘然。

后来,老板觉得赵叔可以独当一面,就安排赵叔去一线做管理,想培养赵叔。赵叔去了一线之后,管理着最重要的生产线,因为产品马虎不得,工作量自然就变大了,经常忙到半夜,还要处理一些突发事件。不仅如此,生产上的一些细节需要大量的专业知识,而这是赵叔所不具备的。所以赵叔除了管理生产线,还要花时间去学习专业知识。做了一段时间后,赵叔觉得太累,而且与自己的目标背道而驰。

于是,赵叔找到老板,跟他提出想要调到代理店去实践一番。老板同意了赵叔的提议,可是赵叔做了代理商后,发现自己对销售一窍不通,报表和数据更是看不懂。

赵叔觉得待在店里没意思,就决定辞职,自己做生意去。

一开始赵叔开了一个小店,生意还不错,赚了些钱,可后来因为经营不善,关门了。于是,赵叔只好重新找工作。

赵叔说完自己的往事,感慨道:"如果当初我能坚持下

第九章 拼一把，做自己人生的"伯乐"

来，现在肯定不会是这副模样。那时候吧，总觉得别人工作比我轻松，比我挣钱多，可实际上没有谁的成功是不劳而获的。唉，当时就是没能逼自己一把，才会是如今的境遇啊！"

在很多人眼里，别人的成功总是那么轻而易举，殊不知，他人的成功就是因为当初对自己狠了一点，在别人都选择放手的时候，他们选择了坚持到底。如果说成功有什么秘诀的话，我想，可能就是坚持到底，不轻言放弃。

拼一把,做自己人生的"伯乐"

俗话说:"千里马常有,伯乐不常有。"大多数人心里都会期待有个懂得赏识自己的伯乐出现,可是这个概率有点小。所以与其等待伯乐的出现,倒不如拼一把,做自己人生的"伯乐"。

苏琪就是做自己人生伯乐的人。他让人印象最深刻的地方是他的嗓子,其音色特别,听起来像鸟儿的声音一样悦耳。他在没有变声之前,声音比女孩的还要细,加之性格腼腆,经常受到男生们异样的眼光,大家甚至把捉弄他当成乐趣。这种童年阴影导致苏琪从小就性格内向、孤僻,不喜欢过多的和陌生人接触。

虽然小时候被捉弄和孤立,苏琪却从来没有自暴自弃,

第九章 拼一把,做自己人生的"伯乐"

而是把情绪转移到自己喜爱的事情上,那就是中午守在电视旁边,专注地听电视上放的歌曲。

因为听歌会让苏琪感到愉悦,忘记烦恼,渐渐地,他开始学习唱歌。刚开始他跟着电视播放的音乐哼唱,后来他的母亲为他请了一名音乐教师,教他学习乐谱。

越是对音乐深入了解,苏琪越是被音乐的魅力所吸引。他只要听着音乐,就可以让自己全身心地放松下来。这种感觉令他着迷,他的心里也种下了一颗小小的种子,那就是创作出属于自己的音乐,然后把它唱给人们听,治愈人们的心灵,被人们所欣赏。

虽然当时的苏琪正处于高中学习阶段,但是他并没有放弃对音乐的爱好,学习之余,总是挤出时间去研究各种音乐风格之间的共性与特性,并且开始尝试原创音乐。在张老师的指点下,他的音乐从刚开始的稚嫩变得成熟、有内涵。

大学毕业后,苏琪迫不及待地带着这些年创作的作品去音乐公司举荐自己,可是很多家音乐公司都因为苏琪没有经验或者作品不够受大众欢迎而把他拒之门外。

但苏琪并没有因此放弃,而是一家又一家地推荐自己。这种状态持续了半年时间,整个城市的音乐公司差不多都被苏琪"光临"过。就在他灰心丧气的时候，他看到了网上一个音乐综艺比赛的宣传口号："如果你够特别，就来加入我们吧！"苏琪看到了机会，一个可以实现自己音乐梦想的机会。

于是，苏琪报名了。他非常珍惜这次机会，在休息期间，反复地练习唱歌，不断地修改词曲。他的每一点付出，都得到了回报。

经过层层筛选，最终，苏琪进入了总决赛，他的歌曲也已经被很多人熟知、喜爱。苏琪的成功源自他对音乐的执着。

在人生路上，最好的伯乐其实就是自己。坚持自己最大的兴趣，为了它拼一把，等时机成熟时，你就会是自己的"伯乐"。

可是，总有一部分人不明白这个道理，一味地选择等待伯乐出现，一味等待，把希望寄托于他人身上的人，是很难收获回报的。

楠楠是村里第一个大学生，通过不断努力，她考上了本校的研究生。但事不遂人愿，在继续深造的过程中，楠楠突然患上了肝病，无奈之下，只能肄业离校。

第九章 拼一把，做自己人生的"伯乐"

养病期间，楠楠充满了幻想，认为等自己病好了，说不定可以留在母校任教。

回到老家后，她无意中在网上看到了当地的教师招聘公告，看着职位要求和待遇水平，心想，凭自己研究生肄业的学历去应聘的话，可能只能从辅导员做起，工资水平也不会很高。

所以，楠楠觉得即使自己的幻想成真，也会委屈了自己。于是，楠楠开始每天赋闲在家："等我病好了，我就去北京找其他的工作，不能再幻想什么留在母校任教了，我就不信，我这样的千里马，遇不到伯乐。"

等到养好病，楠楠立刻去了北京。理想很丰满，现实很骨感，虽然楠楠四处投简历、参加面试，但是她理想中的薪水和职位都太高了，再加上没有工作经验，没有哪家公司愿意聘用她。最后，为了生存，楠楠只能降低标准。

但是她做什么工作都不会超过一个月，每个月的房租、水电基本都是依靠四处借钱来维持。即便这样，楠楠依然觉得自己被大材小用了，每天都生活在怨天尤人中，抱怨领导不懂得赏识自己，抱怨公司的晋升机制。

最终，楠楠又跳槽了几家公司，依然没有找到称心如意的工作，依然感觉自己被埋没了，便索性把自己关在家里不出门。

姐姐看到楠楠消瘦又没有精神的模样，很心酸："你可是我们村第一个大学生、研究生，现在连照顾自己都成了问题？就要这样自甘堕落了吗？"

楠楠冷冷地说："我这一生注定遇不到我的伯乐了。"

千里马常有，而伯乐不常有。对于想要走向成功的人来说，外在的伯乐都是可遇而不可求的，如果自己不努力，就算遇到伯乐也无济于事。任何时候，我们只有拼尽全身气力，主动出击，不断为自己创造机遇，并抓住机遇，才能越来越靠近成功。

第九章 拼一把，做自己人生的"伯乐"

尽力做好自己

生活中，我们总会听到各种各样的声音，遇到喜欢的、讨厌的、和善的、刻薄的等各种人。我们无法改变这些人和声音，但是我们可以决定自己做什么，不去一味地迎合别人，尽力做好自己。否则，就会忘了原来的自己。

有一位画家画了一幅画拿到市场上去卖。画家在画的旁边写了一行小字：观赏者可在认为此画的不妥之处做上记号。一天下来，画家看到这幅画上被标满了记号，心里很失望。

于是，画家决定第二天换一种方式，用同样的一幅画去展示，但旁边的一行小字却改了内容：每位观赏者可以在认为绝妙之处加以赞美。一天下来，收到的全是赞美之词，这幅画一时间成了人人都喜欢的画。

同样的画，为何会出现不同的效果呢？那是因为画家通过第一天画的展示，明白了一个道理：不管我们做什么，都会有人不欣赏，甚至挑剔。可是，这并不能说明我们做的就一定是错的，换一种表达方式，一些人看来是缺点的，另外一些人看来可能就是优点。所以，遵从自己的内心，才能做最好的自己。

我进入职场以后，听一位前辈讲起自己的故事——暂时把这位前辈称为张先生吧。张先生大学毕业之后，投了很多简历，也参加了很多招聘会，最后终于找到了一份喜欢的工作。

张先生非常珍惜这份工作，所以和同事相处非常小心翼翼，只要别人喊自己帮忙，不管自己正在做什么、有没有时间，都会去帮忙。

跟张先生一起入职的小李和张先生关系比较好。可是自从两人经过考核后，关系就发生了变化。原来，在考核之前张先生因为帮同事忙而误了自己的事情，被主管批了一顿，张先生怕自己丢了工作，于是在快要考核的时候，做事非常认真。当时张先生想的只是保住工作，没想到考核结果出来

第九章 拼一把,做自己人生的"伯乐"

之后,竟是A。

公司有规定,如果考核结果是A,薪资会每个月多加几百元。因此,张先生的工资就比同时入职的小李高;也因此,小李开始看张先生不顺眼,张先生说什么小李都是爱搭不理的。张先生知道,这是因为自己的工资比小李高的缘故,可是考核的事情是公司规定的,不是自己决定的。

有一次做企划案的时候,做好的资料竟然少了一张图纸。张先生问小李有没有看见图纸,小李冷嘲热讽地说:"这么重要的东西都能弄丢,怎么没把自己丢了呢。"张先生说:"没看见就没看见嘛。"从那以后,小李和张先生就基本不怎么讲话了。

后来,有一位同事说自己的电脑系统出了问题,就让张先生帮自己看看。可是,就这样一件小事,结果被小李在公司到处说成张先生是为了巴结同事而帮忙的。为了缓和与小李的关系,张先生还找过小李解释这件事,但小李一副冷冰冰的样子,张先生决定不再费力去维持与小李的关系了。

再后来,公司接了一个很重要的项目,其中有一份重要的数据报告。当时小李把数据给了人事记录,可是张先生在做PPT的时候发现,有一些数据对不上,就从人事那里把数据拿回来给了小李,并对小李说:"这个客户非常重要,有些数据你看看是不是能对得上。"好在小李在工作上也算认真,检查出错误后,及时进行了更正。

第二天,小李找到张先生,对他说:"昨天真是多亏你了,要不是你发现数据有误帮我拿了回来,我就酿成大错了。""没什么,我只是做了我该做的事情。"张先生说道。从此以后,小李的态度转变了,对张先生友善起来。

后来,张先生意味深长地跟我说:"不管在职场还是在生活中,我们总会遇到一些不太友善的人,我们既不去害怕他们,也不用去讨好他们,只要做好自己该做的,问心无愧就可以了。"

的确,人不可能是十全十美的,也不可能让每个人都喜欢自己。有些人比较果断,可以抛开别人对自己的看法,认认真真做自己。有些人性格软弱,无法抛却别人对自己的看法,费尽力气去讨好别人,结果却是谁都没把她当作真正的朋友。

有一次听朋友讲起他们公司有一个同事,说她很会"做人"。我出于好奇就问了问朋友。

朋友告诉我,这位很会"做人"的人是一位姑娘,虽长

第九章 拼一把,做自己人生的"伯乐"

得甜美,但性格懦弱,经常会被人支使去跑腿,买早点,买咖啡,打扫卫生,打印东西等。虽然这些都不在自己的职责范围内,但姑娘为了不和别人起矛盾,不管别人提出多么不合理的要求,即使自己没有时间或者完成不了,她也不会拒绝。

可是,被人支使的次数多了,心里就有了埋怨。姑娘不开心的时候,就自己偷偷躲起来哭。尽管如此,在公司同事面前,姑娘却从来不敢表达自己的想法和不满,永远都是一副招牌微笑。

姑娘"委曲求全"去维护好和每一个人的关系,却没有人把姑娘放在眼里。在公司里,同事有需要时,就会找她,没有时就把她当透明人。

我听朋友说完之后,心里很不是滋味。同事之间帮忙是可以的,可把她当透明人就有些过分了。但姑娘也不应该为了让别人喜欢自己,就处处讨好别人。在同事第一次把她当透明人的时候,姑娘就不应再去讨好别人,而应该把重点放在工作上,尽力做好自己该做的事,至于别人喜欢与否,大可不必在意。只要你在工作中做出成绩,别人肯定会对你刮目相看。

害怕别人不喜欢,害怕犯错,害怕尴尬,这些情绪每个人都会经历。但是只要能够正视这些,学会坦然接受,并坚持做自己,就会得到别人的尊敬与喜爱。

第九章 拼一把，做自己人生的"伯乐"

先苦后甜

人生途中，选择"先苦后甜"还是"先甜后苦"，权利都掌握在自己手里。如果选择先苦后甜，就意味着在困难和挫折面前，选择先吃苦，后享受。而如果选择先甜后苦，则意味着在遇到问题时，只会一味地选择逃避，让眼前的安逸蒙蔽双眼，给未来埋下隐患。

过于贪图享受安逸的生活，只会消耗人的毅力，甚至可能让我们失去基本的生存能力。反之，先苦后甜，则更容易让人成长，也更能体会幸福的真谛。

我认识这样一个人，她叫小袁，在一所音乐学校教钢琴。除了教钢琴，她还会尤克里里、非洲鼓等一些小乐器。

和很多人不同的是，小袁并不是从小学钢琴。由于家庭条件一般,小袁和很多人一样从小过着平凡的生活,别说将钢琴当作业余爱好,就连补习班都没上过。所以,即使喜欢钢琴,小袁也从没有向父母提过过分的要求。

小袁的学习成绩不是太好,为了小袁以后的出路着想,父母在中考前就与小袁商量,打算让她去读中专,考幼师。

当初听到这个消息,我很震惊。小袁自己也说:"我并不喜欢幼师这个专业,可当了幼师就可以学钢琴了。这对我来说是个机会啊。"

我非常理解小袁的想法,安慰她说:"毕竟不是每个人都能做自己喜欢的工作,再说你还可以学钢琴。实在不行,幼师这个专业也不错!"

之后,小袁的中专生活过得忙碌又有趣。丰富的科目让她渐渐喜欢上了幼师这个职业,她的性格也开朗了很多,不再像以前那么沉闷。

刚开始学钢琴的时候,小袁很吃力,毕竟她只是喜欢钢琴,从来没有接触学习过。可是,小袁肯下功夫,只要有空她就泡在琴房。每次和她联系,她不是在去琴房的路上就是刚刚练完琴。

入学第一年的暑假,小袁第一次向父母开口,想买一架

第九章 拼一把，做自己人生的"伯乐"

钢琴。虽然买钢琴对于一个普通家庭来说，有些困难，但为了能够练好琴，她还是向父母开口了。其实，父母知道小袁是个有天赋的孩子，而且从小懂事，除了学习成绩外，没让父母操过心。这对钢琴唯一的喜爱，父母当然知道。

就这样，小袁在自己17岁生日那年，有了一架属于自己的钢琴。

三年中专生活后，小袁的琴技已经有了很大长进。

毕业后，小袁一边工作，一边利用业余时间继续学琴。她还用自己的工资请了位钢琴老师，以便提高专业水平。

后来因为工作忙碌的原因，我和小袁没有了联系，直到有一年回家时，才又重新联系上了她。这时我才知道，小袁已经是一所音乐学校的钢琴老师。吃惊的同时，我由衷地替小袁开心。

她跟我说起学习钢琴时候的一些事情时非常轻松，但我知道，小袁为了练琴吃了多少苦。好在，现在一切都过去了，小袁也从事着自己喜欢的工作。

宝剑锋从磨砺出，梅花香自苦寒来。人生没有不经历磨难就可以随随便便得来的成功。一切还需脚踏实地，一步一步努力为之！

勇于前行，人生来不及等待

时光匆匆，我们应该清楚地知道什么是自己需要的，做自己认为有意义的事情，不等待，不懈怠，努力过好每一天，这样生命才更精彩。

如果人生中处处等待，则会失去很多机会。

果果是个很有想法的女孩子，但是她习惯于等待，而且喜欢幻想。想得越多，行动得越少，她就越发觉得生活很没有乐趣，总感觉自己的梦想不可能实现。

有一次，果果打电话向闺密吐槽："最近好心烦哦！"

闺密奇怪地说："心烦就去旅行啊，你最大的梦想不就是周游世界吗？"

果果愤愤地说："对啊，但我每月入不敷出，哪有钱周

第九章 拼一把，做自己人生的"伯乐"

游世界啊，而且也没有那么多时间。每次看见你们在朋友圈晒美景，我却只能在家里感叹。看来我只能等到老了，有钱、有时间了，才有机会实现梦想了。"

闺密不解地说："也不是啊，旅游也不一定花费很多钱啊，我上次穷游西藏，主要花在路费上了，你只要稍微节俭一点就好。或者你完全可以闲暇时找一份兼职，旅行的车费、住宿费就攒出来了啊。"

果果叹了口气说："那要攒到什么时候啊，听起来好辛苦的样子，我还是等自己老了吧。"

闺密又说："或者你可以自己开个网店，自己创业，经济更自由。"

果果则说："还是等我有了闲钱再说吧。"

闺密又说："你不是最近总说老板在选贤任能吗？你能力、学历都算不错，干嘛不试试毛遂自荐呢？这样既能升值又能加薪，多好啊。"

"我感觉还是等主管主动找我比较好，要是有合适的职位，他们一定会发现的。如果我毛遂自荐的话，失败了多尴尬啊！"

"你干吗什么事都要等待呢？"闺密有点不耐烦了。

果果淡淡地说:"因为我觉得成功不是一蹴而就的,就得多等待,等待时机。"

闺密不同意果果的观点:"我可不这么认为,什么事都等待时机,等待万事俱备,黄花菜都凉了。"

人生不应该始终在原地等待,而是应该勇敢尝试。守株待兔只是弱者的选择,勇于前行才是智者的表现。没有人依靠等待可以过上幸福的生活,也没有人可以依靠等待实现人生更大的价值。向前一步,虽然有困难,但克服困难后更多的是无限美好。